男性養護教諭がいる学校

ひらかれた保健室をめざして

川又俊則
市川恭平　著

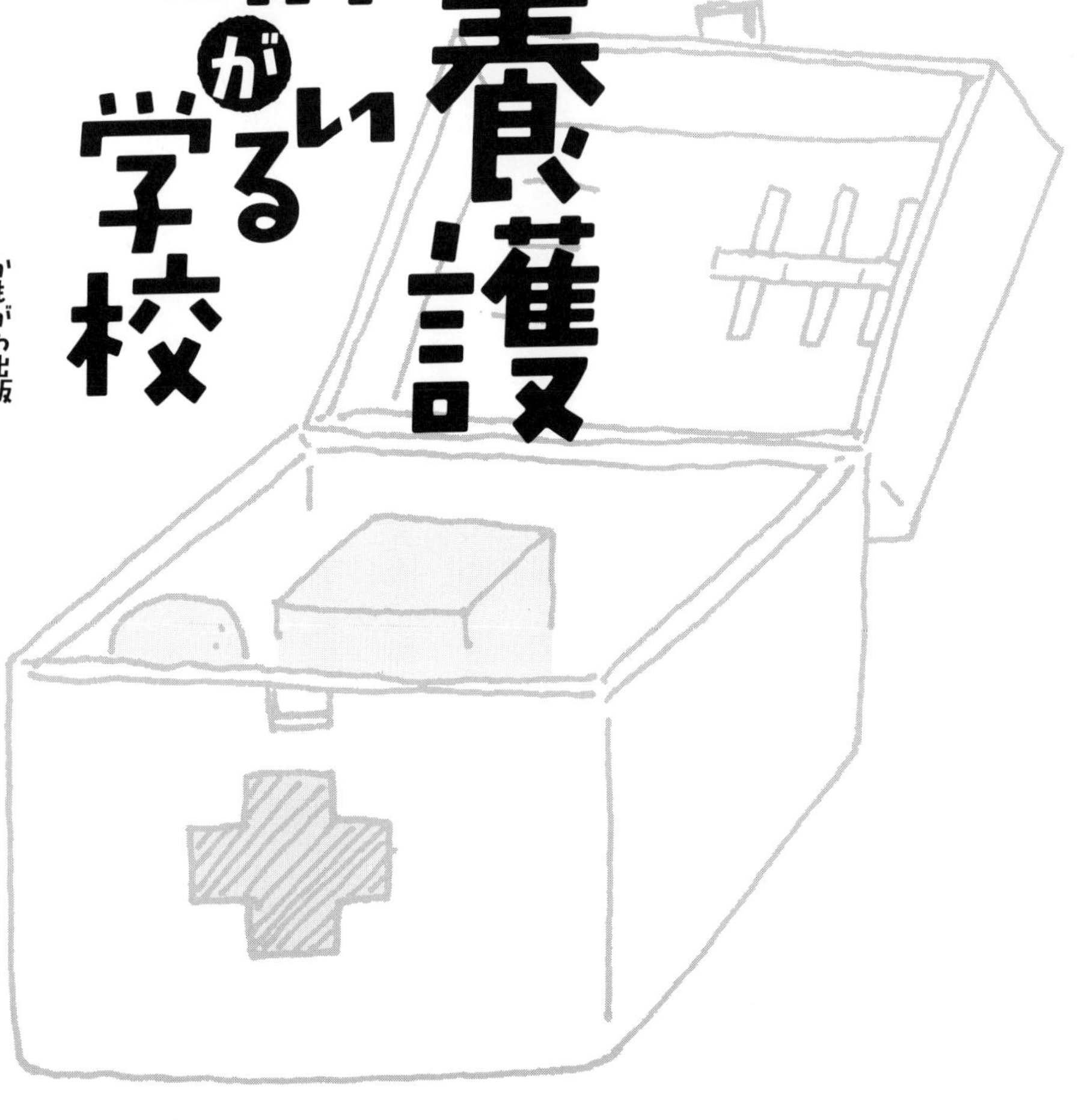

かもがわ出版

装丁／加門啓子
組版／小國文男

男性養護教諭がいる学校――ひらかれた保健室をめざして◉もくじ

第3章　5人の現職者による実践報告——出身学部・校種別に

第4章　男性養護教諭・座談会

はじめに

休み時間、廊下を走ってころんで、腕をすりむいた。熱が少しあったけど学校に登校し、授業中にじっと座っていられない。そんなとき、こどもたちが頼る場所が保健室です。

その保健室で、こどもたちのさまざまな健康課題を解決してくれるのが「養護教諭」、いわゆる「保健室の先生」です。

さて、みなさんが今まで出会った「保健室の先生」は、どのような方でしたか？

明朗快活な友人みたいな人

優しいお姉さんという雰囲気の人

世話好きなお母さんのような人

清潔な白衣を着ている看護師ふうの人

4パターン設定してみましたが、みなさんのイメージはこのどれかに当てはまりましたか？

そして、この（意地悪な）問いかけで、誰もイメージできないのが、「男性養護教諭」でしょう。

実は、全国各地で男性の養護教諭が働いています。

私自身、2007（平成19）年から今までに、数多くの現職・退職・志望者にお会いし、さまざまなお話を伺ってきました。これまで、私が実際にお目にかかった方々は、北海道、山形県、宮城県、福島県、茨城県、埼玉県、東京都、神奈川県、新潟県、静岡県、愛知県、三重県、奈良県、滋賀県、京都府、大阪府、兵庫県、広島県、山口県、高知県、大分県で働いている（いた）人びとです。

本書では、男性養護教諭を取り上げることで、みなさんと一緒に、こどもたちのために、よりよい保健室について考えたいと思って企画しました。たぶん、みなさんは今まで会ったことがないでしょう。どんな人がなっているの？　変わっている人かな？　特別な能力があるからなれた？　などと想像されるかもしれません。何十人もの男性養護教諭と出会ってきた私から言えば、彼らは女性の養護教諭同様、ごく当たり前に、各地で働いている「保健室の先生」の一人です。ただ、彼らはこれまで、周囲の大人から強い風当たりがあったり、言われのない勘違いに困ったりもしていました。

私たちは「想像」しにくいもの、あるいは本当は「見えている」のに「目に入っていない状態」として、身勝手な判断をしてしまいがちです。社会学の授業などで、私は学生さんに、よく「日本国内でコンビニエンスストアとお寺とどちらが多くある？」というクイズを出します。だいたい、コンビニは5万軒、お寺は7万か寺ですから、明らかにお寺のほうが多いのですが、学生さんは、日常生活で接点のないお寺は、視界に入っていても認知しておらず、よく利用しているコンビニの数のほうが圧倒的に多いと「思い込んで」います。

「保健室の先生」は女性が多いことも、当たり前と思い込んで、「なぜ男性が少ないの」とか、「そもそも男性にできるのか」などと思ってしまう人もいます。でもそれは、あくまでも身勝手な「思い込み」に過ぎないのではないでしょうか。私たちは読者の方々に、そのような「思い込み」をなくし、こどもたちの健康について自由にいろいろなことを考えていただきたいと思っています。そうすれば、より豊かな社会になるかもしれないと思い、本書刊行を企画しました。

まず、第1章で、現職男性養護教諭の市川恭平先生がふだんどのような仕事をしているかをご覧ください。第2章では、養護教諭とはどのような存在かを説明し、その歴史と男性養護教諭の先駆者2人を紹介します。第3章は、出身校・校種別に5人の現職養護教諭の実践と個々の状況を、個々の語りを通じて確認します。第4章は紙上座談会を開催し、男性養護教諭や志望者のリアルな日常を紹介します。川又執筆のコラムでは、他に男性が少ない職種や男性養護教諭友の会を解説します。

本書では、男性養護教諭のことを考えると同時に、男女共同参画社会、あるいは、性の問題も考えたいと思っています。ぜひ、本書で、ふだん出会うことのなかった男性養護教諭の様子をご覧ください。

なお、本書では「子ども」「障がい」などの用語を、漢字かな交じり表現を避け、「こども」「障害」に統一して表記したことをおことわりしておきます。

川又俊則

イラスト・笠井瑞紀

第1章

男性養護教諭がいる保健室へようこそ

市川恭平

1　私と学校のプロフィール

♠「この仕事かっこいい」（２００４年）

採用から6年以上経った今でも、職業を聞かれ「養護教諭、保健室の先生です」と答えると、10人中10人が驚きます。そしてこう聞くのです。

「どうして男なのに保健室の先生になろうと思ったの？」

私が養護教諭に憧れたのは、高校3年生に進級して間もないころ。保健室で、悩んでいる友人の相談に真摯に向き合う養護教諭の姿を見て、「こんなにかっこいい仕事は他にない！」と強く感じたことがきっかけでした。そこに「女の先生だからだ」という考えは全くありません。「この場所で救われているこどもがいる。ここで救っている大人がいる。こんな大人になりたい」と、純粋に人に憧れたのです。「たとえ周囲の人から反対されても私はこの仕事をしたい！」と決意を固めたのも束の間、私の選んだ進路は、予想をはるかに超えて、周囲の理解を得ることが難しいものでした。

♠「考え直せ」という「やさしさ」？（２００５年〜２００９年）

高校での進路決定、大学在学中、卒業後から採用が決まるまで、と長きにわたって聞こえてくるのは「考え直せ」という「やさしい」お言葉。そのなかの多くは「男の採用は前例がないからやめたほうがいい」という意見でした。この言葉には非常に悩むのです。「前例がないこと」というのは、「自分に適性があるかどうか」とは無関係のことです。よほど「必ず養護教諭になるぞ」という強い思いをもっているか、もしくは「まあ何とかなるでしょう」と楽観的に考えているか。少なくともどちらか一方がないと、この言葉には耐えきれないのが現状ではないでしょうか。これが、男性養護教諭が誕生しにくい原因の一端です。ですから、周囲の精神的な支えも大切です。私の場合、あきらめずに自分の道を信じて進むことができた一番の理由は、「あなたがやらずに誰がやる。それぐらいの気持ちでがんばれ」と背中を押し続けてくれた友人と、「息子が本気で選んだ進路です。何がいけないんですか」と進路指導の場で話してくれた家族がいたからです。それについて感謝の気持ちを忘れたことはありません。

読者のみなさまにお聞きします。私たち男性養護教諭をめざす人たちのように「男（女）はこの仕事をしているイメージがないし、前例がないからめざさないほうがいいよ」と言われる進路指導を受けたことがありますか？　その仕事に就くにあたって法令に性別の規定もなければ、募集要項でも性別は不問です。そんななかでの、その指導・助言。果たしてそれは「やさしさ」なのでしょうか。

♠もう二度と「男の採用は前例がない」とは言わせない

2010年、2度目の採用試験で晴れて養護教諭として採用されました。初めて職員室であいさつをしたとき、職員室でどよめきが起こりました。もしかしたら、私の不安より他の先生方の不安のほうが大きかったかもしれません。それでも、多くの先生が保健室を訪れ、好意的に私に話しかけてくださったので、私自身の不安は吹き飛び「自分の仕事ぶりで男性養護教諭に対する理解を深めていこう」と前向きに考えることができました。

当時は、保健室に入る度に「養護教諭になれたんだなぁ」と喜びを噛みしめていたものです。今では、「特別支援学校には男性養護教諭が必ず必要だ！」「次の男性養護教諭はいつ採用されるんだ？」と私たちを後押ししてくださる味方もたくさん増えました。

「男の採用は前例がないからやめたほうがいい」

養護教諭をめざす男子学生に対して、この言葉が二度と掛けられないことを願ってやみません。

♠私の日常を共に

それでは、ここからは私の仕事ぶりを見てください。男性養護教諭が実際にはどのように働いているかがわかってもらえるといいなと思っています。

今春、異動がありましたので、それまで6年間勤めた前任校での取り組みを振り返りながらお話しします。

知的障害特別支援学校[*1]で、平成27年度当時は、訪問教育・小学部・中学部・高等部合わせて約280人の児童生徒が学んでいました。特に高等部の生徒の増加が著しく、障害への理解の広がりに伴ってか、知的障害が比較的軽度な生徒も多く在籍していました。

　養護教諭は複数配置で、特別支援学校2校目の和子先生とともに。きめ細やかな仕事ぶりでいつも支えていただいていました。そして、私の思いを丁寧に聞いてくださるものだから、意見の相違があるときには激しい口論が勃発。そんな平和で（？）楽しい毎日でした。

　大切なおことわりを一つ。ここからの内容は、こどものプライバシーにかかわります。できる限り臨場感が伝わりやすい記述を心掛けますが、個人の特定を避けるため、お伝えしたい本質が変わらない程度に、事実や設定を改変しております。また、和子先生をはじめ、先生方のお名前もみなさん仮名とさせていただきます。あらかじめご了承ください。

　ほら、こどもたちが登校してきましたよ。

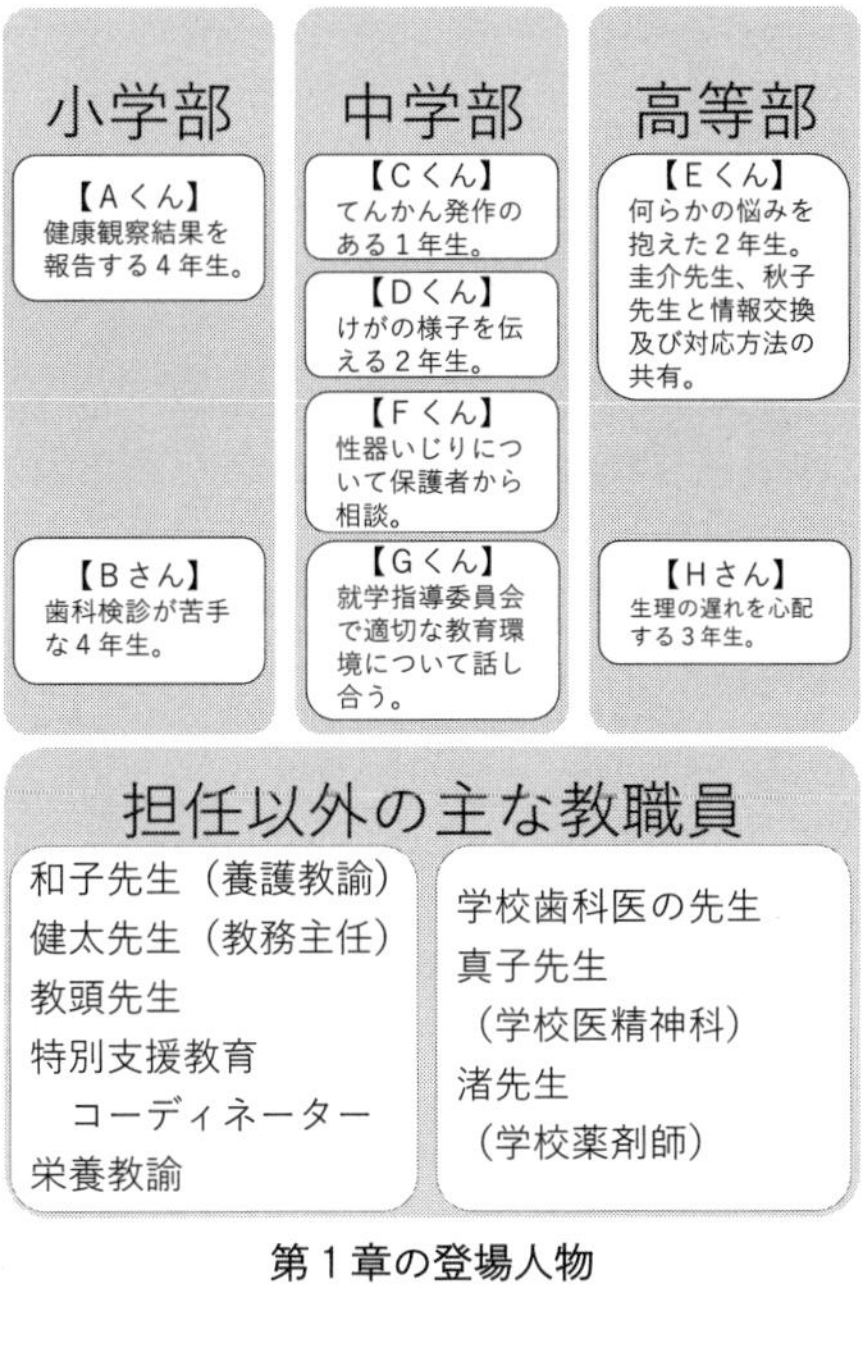

小学部
【Ａくん】
健康観察結果を報告する４年生。
【Ｂさん】
歯科検診が苦手な４年生。
中学部
【Ｃくん】
てんかん発作のある１年生。
【Ｄくん】
けがの様子を伝える２年生。
【Ｆくん】
性器いじりについて保護者から相談。
【Ｇくん】
就学指導委員会で適切な教育環境について話し合う。
高等部
【Ｅくん】
何らかの悩みを抱えた２年生。圭介先生、秋子先生と情報交換及び対応方法の共有。
【Ｈさん】
生理の遅れを心配する３年生。
担任以外の主な教職員
和子先生（養護教諭）
健太先生（教務主任）
教頭先生
特別支援教育コーディネーター
栄養教諭
学校歯科医の先生
真子先生（学校医精神科）
渚先生（学校薬剤師）

第１章の登場人物

2 男性養護教諭がいる学校とその保健室

(1) 保健室の機能・複数配置のメリットを生かして

♠「何か違う」に気付くために

こどもたちの朝の表情は大切ですね。こうして、毎朝玄関に立っていると、ほとんどのこどもと顔を合わせることができます。あいさつをすることの大切さを感じながら、こどもの表情や歩き方、ときには送ってくる保護者の方の表情まで。何気ないやりとりの積み重ねが健康観察につながっていきます。さあ、教室から欠席調べの結果などをまとめた健康観察簿をもった小学部4年生のAくんがやってきました。保健室に戻りましょう。

私「おっ、Aくんしっかり頭を下げて保健室に入れたね！（拍手）さあ、今日のお休みは誰ですか？」

A（欠席者の名前を指さす）

私「そうだね、このお友だちはお休みになっているね。よくできました。はい、好きなスタンプどうぞ」

A（うれしそうな表情で好きなキャラクターのスタンプを選ぶ）

私「今日は○月の……？」

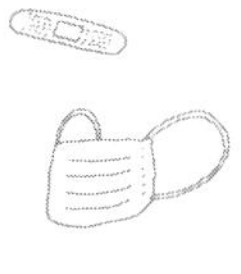

Ａ（カレンダーの中から今日の枠を見つけスタンプを押す）
私「はい、よくできました。ごあいさつをして教室へ戻りましょう」
Ａ（出入り口の扉でこちらを向き直し、気を付けして礼をする）
私「すごい、今日は完璧!!（拍手）さてはよそいきバージョンだな（笑）」
このようなやりとりを、小中学部は毎朝行います。担任の先生が付き添う場合も多いので、他の児童生徒についても情報交換をしながら。高等部は係の生徒がファイルを保健室へ提出するだけなので、受け取るときには一言声を掛けるのを忘れずに。
Ａくんもそうですが、例えばけがをした経緯や、腹痛や頭痛の訴えなど、言葉で自分の状態を説明することが難しいこどもが多いので、普段の状態を知ることはとても大切です。「なんかいつもと様子が違う」と気付くことが、心身の健康問題の早期発見・早期介入に直結しているのです。これはきっと、特別支援学校に限った話ではないでしょうね。

♠スモールステップで健康診断を乗り越えろ！

学校歯科医の先生が来校されました。おはようございます！　今日は小学部の歯科検診よろしくお願いします。

私が勝手に名付けている「健康診断の三大鬼門」の一つ。それが歯科検診です。ちなみに、残りの二つは耳鼻咽喉科検診と心電図。本校では、毎年全児童生徒に行っています。鬼門と呼ぶのは、とにかく苦手な児童生徒が多いからです。器具を体に直接あてる。耳の穴、口の中など検査部位が物理的に見えづらい。見慣れない人がかかわる。以上のような理由から、児童生徒も教職員もかなりのエネルギーを使う検診なのです。

私「はい次は小学部4年生Bさん。まずは椅子に座りましょう」

B（恐る恐る椅子に座る）

私「はいできました。それではイラストのように口を開けます。あー」

B「……あー」

学校歯科医の先生が歯鏡をBさんの口の中へ入れる。

私「10秒数えるよ。1、2、3……10。はい休憩」

歯科医先生が手を止める。

私「上手にできているね。さすがBさん。じゃあもう一度。1、2……」

全ての歯の検診が終わるまで繰り返す。

私「はい、よくできました。おしまい」

落ち着いて保健室を出ていくBさんの姿を見送り、和子先生、担任の先生と目を見合わせ、ガッツポーズをする私。

実はBさん、去年までは検診が怖くて保健室から逃げ出してしまって、まともに受けられなかったんですよ。そして、むし歯がとても多い。お母さんと話すと、歯科医院も怖がって受診どころではないとのこと。こういったこどもたちにとって、歯科をはじめ、医療機関受診の壁は高い。こどもが落ち着いて受診できないから、保護者の方も必要と分かっていてもなかなか受診に踏み切れない。そこで、私たちが力を入れているのが事前指導です。

保健室から逃げ出したBさんは、検診以降保健室を通る度に思い出しては「いやだー！」と叫んで逃げていました。もちろん保健室内で何も行っていなくてもです。そんなBさんは、ラッキーなことに朝の健康観察係でした。これはチャンス。私は歯科検診克服計画を立てました。題して「一歩進んでほら大丈夫！　歯科検診なんて怖くない大作戦」。つまり、スモールステップ[*2]で歯科検診に慣れようという取り組みです。表1は、実際に行った活動をまとめたものです。愛くるしいBさんの変化を感じてください。

これがあってのガッツポーズだったわけです。そして、打ち合わせがなくても、こちらの指導に阿吽の呼吸で合わせてくださる学校歯科医の先生。頭が下がりっぱなしです。

♠複数配置で安心の救急体制

突然、保健室内にあるインターホンが鳴る。

私「はい。保健室の市川です。中学部1年Cくんがてんかん発作ですね。分かりました、すぐに向かいます」

和子先生とアイコンタクト。

表１　スモールステップ実践例

行った指導・支援の内容　（ ）内はねらい	Ｂの反応や様子
１　健康観察中に、机の上にそっと歯鏡を置いておく。 （「使用する物」である歯鏡の存在に慣れる）	歯鏡をしきりに気にしていたが、こちらからは一切歯鏡についてはふれないので、そのまま教室へ帰る。
２　机に置いた歯鏡を指差し「歯鏡だね」と言う。 （こどもと共に歯鏡の存在を共通認識する）	「いやだ！」と言って保健室から走り去ろうとするので「あいさつをして教室に戻りましょう」と言うと急いであいさつをして走り去る。
３「歯鏡だね」と言い、座っているよう指示して１０数える。 （10数えたら終わるという約束を二人の間でつくる）	今にも走りだそうとするも、自分の身に何かされているわけではないからか、10数える間は座っていられるようにはなった。
４　Ｂに歯鏡を持たせて１０数える。 （歯鏡にふれることで、より歯鏡という物に慣れる）	10を待つことがなかなかできなかったが、できるまで見守ってできたときにしっかりほめてあげると、徐々に落ち着いて10数えられるようになった。
５　Ｂに歯鏡を持たせて、大きく口を開けさせて１０数える。 （歯鏡がある時は、口を開けるという学習をする）	こちらが「あ～」とすると、模倣は比較的すぐにできた。
６「口の中に歯鏡を入れている」絵カードを机に置き、１０数える。 （絵カードと10数えるというルールだけで、模倣が自然とできる）	歯鏡を持つことに慣れているので、慎重ではあったが、絵カードの模倣をして、歯鏡を口に入れられるようになった。
７　１～６に共に取り組んできた養護教諭が歯鏡を持ち、絵カードを示して口の中に歯鏡を入れて１０数える。歯鏡はむやみに動かさない。 （いつもいる同じ人に歯鏡を入れられても落ち着いていられる）	抵抗が大きいステップではあったが「やるぞ！」という雰囲気をつくらずゆったりと行うことに気を付けた結果、徐々に10数える間は落ち着いて口を開けられるようになった。
８　歯鏡に少しずつ動きを付けて１０数える。 （口の中で歯鏡が動くことに慣れ、痛くないことを知る）	歯鏡が動き始めた瞬間はピクッとすることもあったが徐々に慣れ、一連の歯のチェックをする動きにも落ち着いて口を開けていられるようになった。
９　７の養護教諭が１０数えたあと「今日はもう１回」と言って、もう一人の養護教諭に代わって１０数える。 （いつもの人ではない人に歯鏡を入れられても落ち着いていられる）	最初は「えっ？」という表情であったが、痛くないことが分かっているので、落ち着いて口を開けていられた。
１０　９の活動を担任にも見てもらい、全員でほめたたえる。 （できるようになったことはすごいことだということを理解する）	とてもうれしそうな表情をしていた。
１１　歯科検診当日を迎える。 （落ち着いて歯科検診を受ける）	昨年度までの検診がうそのように、落ち着いて検診を受けることができた。

私「僕向かいますので」

和「私は、管理職へ連絡して、搬送の準備をしておくわね」

同時に動きはじめる二人――（表2）。

ふう。大事には至らず落ち着きそうです。これらの救急体制については、男女に限らず複数配置のメリットを強く感じます。役割分担を瞬時に行いながら、迅速に対応できるのです。そして、何事も同じ立場、同じ責任を負う者同士で相談し合うことができる。これ以上に心強いことがあるでしょうか。

さて、保護者の方が迎えに来られるまで、しばらく時間がかかるようです。もう給食の時間ですが、Cく

表２　緊急連絡体制実践例

市川の動き	和子先生の動き
・Ｃの保健情報が書かれたカルテファイル、緊急持ち出しグッズ（体温計、血圧計、パルスオキシメーター*3、キューマスク、タオルケット等）、本人の座薬を持って現場へ。	・管理職へ一報を入れる。 ・ベッドにスムーズに搬送できるよう経路の確保等、準備をする。
・現場に近付いたら、走らない。（混乱を煽らないため） ・現場に着いたら、担任から簡単に経緯を聞きながら全身状態を確認する。 ・発作が続いていたら、観察をしながら記録を取る。	・状況やＣの実態を考えて、リクライニング車いすを持って現場へ。
・バイタルサイン*4を確認し記録する。	
・現場へ到着した管理職へ状況を報告する。以降、指示を待つ。 ・発作が５分以上続いたため、管理職へ確認し、医師からの指示書と保護者からの依頼・同意書に基づいて、座薬を挿肛する。 （担任は保護者へ連絡を取る）	・車いすを現場へ届け、状況を確認した後、保健室へ戻る。 ・必要に応じてバイタルサインの確認や記録を取る。
・発作が落ち着いたら、他教職員と協力して複数で保健室へ搬送する。	
・担任と共に、発作の経緯と様子を詳細に確認し、記録を整理する。 ・保護者宛に報告書を作成する。	・Ｃをベッドに安静にし、観察を続ける。 ・座薬挿肛から15分おきにバイタルサインを確認し、記録する。
・保護者が迎えに来たら、担任と共に経緯を説明し、報告書をもとに主治医の先生に伝えてもらうようお願いする。	

んを見守りながら保健室で給食を食べましょう。私は、パンよりも、麺よりも、白いごはんが大好きです。今日は、ごはんとチンジャオロースーと餃子です。たまりませんね。いただきます。本校の給食では、栄養教諭のすてきな先生がこどもに合わせてきめ細やかな工夫をされているのですが、その紹介はまた別の機会にお話ししましょう。

あっ、Cくんのお母さんが到着されました。

私「お忙しいところありがとうございます。ご心配をおかけして申し訳ありません」

母「こちらこそ。今日はC、あまり眠れていなかったんです。やはりこういうときは起こりやすいですね」

私「そうですね。日中にしっかり活動して夜はぐっすり眠るのが一番です。今日の発作の様子をまとめた紙ですので、また主治医の先生に今日のことをお知らせください」

母「分かりました。今日はありがとうございました」

私「お気を付けてお帰りください」

やっと落ち着きましたね。今は給食の時間なので、これから校内を巡回して昼の健康観察をしましょう。

♠健康観察を生かすための情報交換

小学部4年生の教室に入る。笑顔のBさんがしきりにこちらを見ている。

私「うんうん。Ｂさん今日は歯科検診がんばったね」

満足気なＢさん。

私「おっ。〇〇くんはお箸の使い方が上手になったね」

こんな調子で全教室を見て回ります。午前中の様子と変わったことはないか。できるかぎり全児童生徒の様子を見ることを心掛けながら、日頃からコミュニケーションをとることで信頼関係をつくっていきます。また、担任の先生との情報交換のチャンスでもあります。足しげく教室に出向くことで、こどもたちが養護教諭のことをよく知り、慣れていくことが大切なように思うのは私だけでしょうか。あまり長居もいけませんね。保健室へ戻りましょう。

ここからは事務仕事。歯科検診の事後措置で、結果のおたよりづくりです。一人ずつ結果を確認しながら、間違いのないように作成していきます。健康診断の時期は、事務仕事も膨大です。和子先生と協力してせっせとこなしていきます。しゃべっていると進まないので、しばらく集中。

うーん……。黙っているのは苦手です。

♠教育的な救急処置を

ノックの音。

私＆和「は～い」

扉を開け、お辞儀をする中学部２年のＤくん。後ろに担任の先生が控えている。

私「上手にあいさつできました。とりあえずベンチに座りましょう。どうしたの」
D（担任のほうを向く）
私「Dくん、まずは自分で伝えましょう。痛いところありますか」
D（ズボンをまくり上げ、左ひざを見せる）
私「痛いところはどこですか」
D（擦りむいている部分を指さす）
私「あっ、左ひざを擦りむいていて痛いんだね？」
D（大きくうなずく）
私「上手に伝えられたね。よくわかったよ。では、まずきれいに洗おうね」
助けを求める力を育むことは、本校のこどもたちにとっては自立につながる重要な力だと考えます。緊急時を除き救急処置を行う際には、できる限り自分の力で自分の状態を伝えられるように、積極的に本人に問い掛けます。言葉によるコミュニケーションが難しいこどもほど、人任せではなく、自分で伝える手段をもつことは彼らのこの先の人生において最も重要なことの一つなのです。
そうこうしているうちに、もう下校の時間です。玄関に立ってこどもたちを見送りに行きましょう。Dくん、お大事にね。Bさん、今日はおつかれさま。Aくん、さようなら。

(2) ガチンコで「つながる」・「つなげる」

♠健康観察での「気づき」

おはようございます。今日は、午前中に授業があります。その間、保健室は和子先生にお任せします。何事もないことを祈りましょう。

私「○○くんおはようございます。○○さんおはよう。ん？　昨日はハンバーガー食べたの？　おいしかった？　よかったね～！　先生はチーズ入りが好きだよ。いってらっしゃい。おっEくんおはよう」

E「おはようございます」（伏し目がちで通り過ぎる）

私「（ん？）いってらっしゃい」

高等部2年Eくんの後姿を見送り、和子先生に耳打ち。

私「Eくん、なんかありましたかねぇ。少し表情が暗い気がしたんですよ」

和「うん、私もそう思った。最近少し遅刻してくる日もあるし」

♠保護者からの健康相談

中学部3年生Fくんのお母さんが、送迎後にこちらへ駆け寄ってくる。

母「保健室の先生方おはようございます。突然すみません。少しご相談したいことがあるんですけど、市川先生、今お時間よろしいですか」
和子先生とアイコンタクト。和子先生が笑顔でうなずく。
私「お母さんおはようございます。そんなに時間とれないですけど、今から15分くらいならいいですよ。今、相談室開けますね」
和子先生に健康観察をお願いし、Fくんのカルテを持って相談室へ。
私「はい、おまたせしました。お母さんどうしましたか？」
母「あのですね。最近、Fが尿漏れをすることがあるじゃないですか。それで、気になるのは、おちんちんをその時に触っているような気がするんです。だからこれはどういうことなんだろうと思いまして、一度先生に聞いてみたくて」
私「担任の先生から聞いてますよ。少しだけ出てしまう。それで、お母さんが見られるときには、どうやら性器を触っているようだということですね」
母「そうなんです。それで、本当におしっこなのかなぁとも思って」
私「射精はありますか？」
母「いや、それがわからないんです」
私「そうですか。お母さんも心配されているように、思春期に入って性器いじりをして悩まれる保護者の方のお話を他にも聞きますよ。この時期にはあるようです。おしっこの様子はどうですか？」

母「1回の量はしっかりと出ます。主人も、そんな遊びで止められるようなものでもないしなぁ。と言っていて」

私「そうですか。しっかりとおしっこを貯められて、そして出せているようですね。もし、性器に感染などがあって、炎症を起こしているのであれば、これは治療が必要だと思うので、主治医の診察を受けるといいですね。体に異常がないとわかったら、Fくんの行動の問題かなぁと思うので、担任等と相談してその時の対応を考えていきましょう」

母「なるほど。他の保護者の方も同じように悩まれているって聞いてとても安心しました」

私「そうですね。デリケートな内容なので、なかなか話しにくいですもんね。お母さんが少し安心できたならよかったです。でも、すぐに行動の問題と考えないようにしましょうね。病気があるかどうかは、病院へ受診しないとわからないので」

母「そうですね。じゃあ、もうしばらく様子を見て、主治医の受診のタイミングを考えていきます。前まで、Fが思春期に入って、大変だなあと思っていたんだけど、最近少しずつFの成長なんだよなって考えられるようになってきたんです」

私「お母さんステキですね。何かあったときに成長のチャンスって考える大人が周りにいると、こどもは大きく成長するんでしょうね。お母さんにそう考えてもらえてFくんは幸せだと思いますよ。これからも、いつでも相談に来てくださいね。一緒に考えていきましょう」

母「よろしくお願いします。今日はありがとうございました」

《保健室にて》

私「……っとまあ、こんな感じの話でした。やっぱりこういう相談は結構ありますね」

和「そうだね。誰に聞いたらアドバイスがもらえるか分かりにくいもんね。その点、この学校は、私たち男女一人ずついるから、そりゃお母さんたちも聞きやすいよね。私も男として育ったことないから、やっぱり細かいところは分かってあげられないもん」

私「それは逆も一緒ですけどね。さあ、もうすぐ高3の授業なので準備しますね。保健室任せっきりですみません。お願いします」

教材・教具一式を持って保健室を出ると、ベンチにEくんが座っている。

私「あれ、Eくん。こんなところでどうしたの」

E（無言）

私「何かあったんだね。お話聞いてあげたいんだけど、これから先生授業なんだ。あとで必ず話を聞くからひとまず教室行こうか。ちょっとこれ持つの手伝ってくれない？」

教具を持つEくん。

私「ありがとう助かったよ。じゃあとりあえず授業頑張って受けておいで。先生も頑張ってくるわ」

♠性に関する指導は自立に向けたキーワード

Eくんのことは気になりますが、とりあえず授業です。高等部では保健体育科の先生とのティームティーチングによる、こどもの実態に応じた性に関する指導を行っています。今日の授業では、卒業して社会に出る直前の高等部3年生に対して、これまでの学習を振り返りながら「家族計画」をテーマにしてみんなで考えを深めます。

知的障害特別支援学校での性に関する指導については、避けては通れない大切なことです。スペースが足りず、話し切れないくらいの奥深い内容なので、詳しくはまた別の機会にします。生命の誕生や、異性との関わり方、性被害や加害の防止、家族計画等について話をすると、こどもたちの目つきも変わりますし、多くは授業後、考え方の広がりや深まりが見られ成長を感じることができます。何よりもこどもたちが、「市川先生にだったら、どんな話をしてもしっかりちゃんと聞いてもらえるから」といって男女限らず信頼してくれるようになったことが本当にうれしいです。養護教諭の道を選んだことを誇りに思う瞬間でもあります。そして、保健管理の職務だけでなく、積極的に授業をするチャンスを生み出そうとしてきたことが、こうした個別の指導や相談につながったとき、養護教諭が担任と共に授業を行う意味の大きさを感じます。

さあ、あっという間にもう給食の時間です。教材・教具を片付けたら今日は職員室で食べましょう。今日は大好きなブラマンジェがデザートにつきます。パンですけど。

♠「気づき」→「共有」→「対応」

私「（高等部教務主任の）健太先生、授業中○○くんがとてもいい発言をしてくれたんですよ。ふだんはあまり話さない生徒だったのでびっくりしました。そういえばEくんなんですけど」
健「うん、なんか調子悪そうだね。先生が教室に連れてきてくれたんだってね、ありがとう。でも何か話したそうだから、また保健室来室したら先生方、よろしくお願いします」
和「担任の先生にも話を聞かないとね」
私「そうですね。うん、本当にブラマンジェうまい」
職員室では、管理職、教務主任、特別支援教育コーディネーター、栄養教諭が給食を食べるので、情報交換の絶好の機会となっています。こどもの様子や変化を話し合ったり、対応方法を相談したり、ときには愚痴や雑談を交わしながら、コミュニケーションを図っています。これが、いざというときの対応の速さにもつながっていきます。和子先生におねだりしたブラマンジェも食べ終わったところで、昼の健康観察をしてから保健室へ戻りましょう。

♠「確信」→「初動」

保健室に戻ると、中には和子先生とお話するEくんの姿。
E「やる気が出ないんです」
和「そうなんだ。昨年度末ぐらいは、恋愛のことで市川先生にいろいろお話ししてたね。最近は調子いいのかなぁと思っていたけど（市川に目配せ）。疲れちゃった？」
E「はい、なぜ授業に出なければいけないのかが分かりません」

私「授業がおもしろくないなって思うの？　それとも何をしていてもつまらないなって思うの？」
Ｅ「どちらかというとそっちです」
私「何をしていてもつまらない」
Ｅ「はい」
私「それはもしかして、あの子とお別れしてから？」
Ｅ「……それだけじゃないですけど」
（中略）
私「そうなんだ。それで、保健室に来てることは担任の先生は知ってる？」
Ｅ「知りません」
私「そろそろ授業始まるから教室に戻ろう。それで、先生たちが探すといけないから今度からは保健室に行ってきますと担任の先生に伝えてからおいでね」
Ｅ「分かりました」
私「また必ず時間をつくって話聞くから。今日は一緒に教室へ行こう」
Ｅ「はい」
無事に教室へ戻りましたが、何かを抱えているので今後来室が続くと思います。Ｅくんは自分で考えて行動する力のある生徒なので、しっかりと自分なりの成長につなげていってほしいなと思います。
そしてこういったケースは初動が肝心です。

和「今日の授業後担任の先生と情報交換して、今後の対応について相談したほうがいいね」

私「そうですね。就学指導委員会が終わったら声掛けてみましょう。あっ、会議の資料を準備しなくちゃ」

♠保健室来室記録を判断の根拠に

就学指導委員会は、こどもの適切な就学先や環境について話し合うとても重要な会議です。養護教諭が意見を求められることも多くあります。必要な保健情報を整理して、一定の根拠を示しながら意見を述べる必要があります。

教頭「では中学部重複学級Gくんについて、養護教諭から何かありますか」

私「Gくんは、難治性の既往に対する薬物療法により、最近急激に体重減少が起こっているとのこと。保護者を通して主治医に確認することができました。この半年の体重の推移と、1日の服薬について表にまとめましたのでご覧ください。食事をなかなかとることができず、保護者の方の不安もあります。今後も重複学級で、手厚く見守っていくことに加え、来年度以降の就学先として、知的障害ではなく、他の特別支援学校への転校も視野に教育相談を行っていく必要があると考えます。現在も担任の先生と連携しながら保護者の方とコミュニケーションを継続して図っており、今後も続けていく予定です」

カルテに積み重ねた記録は非常に重要です。本校では保健室来室記録を個人別に作成して、カルテファイルを作り、そこに来室の様子をはじめ、さまざまな保健情報を記録し整理しています。こどもを継続的な視点で見守っていく上で、なくてはならないものとなっています。それが、就学指導委員会という重要な会議において活用されたケースです。日常の健康観察も大切ですが、そこで得た情報をいかに記録して活用していくかはもっと大切です。そしてそこが難しい。よりよい情報の記録と整理については今後も考えていかなければと思っているところです。

重要な会議も終わってほっとしたいところですが、Ｅくんのことを忘れてはいけません。担任の先生に声を掛けると、同じ思いで養護教諭を待っていてくださった様子。保健室で情報交換を行うことになりました。

♠「初動」→「安心」

担任の圭介先生（男性）、秋子先生（女性）が来室。

圭「今日は、Ｅくんがお世話になってありがとうございました。何て言ってました？」

私「やる気が出ないんですって」

和「担任の先生に言わずに来たんですよね？　こちらでも、一言断ってきてから来室してねとは伝えたんですが」

秋「なんか、独り言のように『行ってきまーす』と言って出て行ったんですけど。最近ちょっと授業も離席が目立つんですよね。落ち着きがないというか」

圭「部活でも、いいかげんな態度をとるようになってきてると聞いています」

私「ちょうど変わり目なんですね。今後も来室が続く気がするんですが、対応について考えるためにも、これは教育相談係でケース会議をしたらいかがですか？」

圭「そうですね。いろんな立場の教職員がかかわることができますし。特別支援教育コーディネーターの先生に話しておきます。当分の間は、本人の心の行き場というか、話を聞いてもらいやすい人のもとで、いろんな話ができたらと思うんですが、そういう場合に保健室で対応してもらえますか」

和「そういうことであれば、もちろん。ねえ？　市川先生」

私「はい。話してすっきりしたら自分でもどうすればいいかわかってくるでしょうし。じっくり聞いてみます」

このように話がまとまると、対応が後手に回らずに、落ち着いた気持ちでこどもへの対応ができますね。初動でしっかり体制を整えることは、こどもにとっても教職員にとっても大切なことだと思います。

♠「連携」＝考えの違いを乗り越えて、協力して行動すること

しかし、その後保健室にて。

和「でも、あまり保健室に入れないほうがいいんじゃないかと思うのよね。困ったら保健室に行け

ばいいって誤解してもいけないし」

市「僕は、反対にどんどん入れてもいいと思いますよ。安心できる場所ができたとわかったら、逆に外でがんばれるかもしれないじゃないですか」

カーン！　さて始まりました。本校恒例の保健室内ガチンコバトル。みなさんはどっち派ですか。ここから短くとも30分、本音の議論が続きます。お互いがこどもの実態を知っているからこそ、言い合えるのです。ここでは、経験年数、性別は関係ありません。先輩の言うことに必ず従うとか、より多く接している方の意見を尊重するといった、大人の対応は一切ありません。こどものためを思った白熱した議論が繰り広げられるのです。そして、終わると両者ともにぐったり。「もうやめましょう」と二人が同時に降参して終了です。

「ある意味本校の複数配置のセールスポイントだよね」と和子先生とよく言っています。気兼ねなく何でも言い合えることは大切なことです。こどものことで大事な内容であればあるほど、相方の先生に気を遣ってしまうことはありませんか？　これを、こどもへのよりよい対応のための意見交換と割り切って、私たちは、日頃からちょっとしたことでも本音を出しているのです。「これで話す相手が女性だったら、こんなふうに言えるかな」と和子先生は口癖のように言っています。あなただったらどうでしょうか？

いやしかし、最後の議論で疲れ果てました。今日は、仕事はこれで切り上げてこれから市内の、主に養護教諭で組織している学校保健の研究会に行きますけど、一緒に行きますか。今日はまさにタイムリー。テーマは「保健室来室記録についての情報交換会」のようです。さっきお話した内容を、研究会でも話してみますね。養護教諭は「一人職」と言われるように、ふだんはなかなか他の養護教諭と情報交換できませんのでこれは貴重な会です。ちなみに、私はいつも二人ですけどね。これは幸せなことです。ではまた明日。

(3)「思い込み」とたたかう

おはようございます。昨日、研究会で頭部打撲時のチェックシートをもらいました。本校でも活用できそうな部分がたくさんあります。いつもこういう「学びのお土産」をもらえるので、積極的に研究会には参加するようにしています。今日は最終日です。もうお腹一杯ですか? まだまだこれから! よろしくお願いします。

♠学校環境衛生検査の間にアンテナが「ピーン!」

学校薬剤師の渚先生が来校されました。おはようございます。今日はプールの水質検査よろしくお願いします。これから、小学部のこどもたちが体育館で準備運動して、プールに向かいますので、少し保健室でお待ちください。今年は、空梅雨なので、プール日和がとても多いです。日照りが多いので、水質の管理もなかなか難しいのですが、体育主任の先生を中心に何とかやっています。また、ご指導・ご助言お願いしますね。

そこに、高等部３年生Ｈさんが来室。
Ｈ「市川先生。今日ちょっとお話しできますか？」
私「Ｈさんおはよう。午前中はちょっと難しいなあ。急ぎでなければ、給食後の休み時間でいいかな？」
Ｈ「わかりました。なんかね。アレがこないんですよ」
私「ん？　そうか、後でしっかり聞くからね。それじゃあプール水質検査行ってくるから」
Ｈ「はい。行ってらっしゃい」
最後の一言がとても気になりますが、ここは落ち着いて仕切り直し。まずは、プール水質検査を無事に終わらせましょう。
渚「てんかんのこどもは救命胴衣をちゃんとつけているね。気持ちよさそう」
私「はい。指導内容によっては１対１で見守りながら、脱いで泳いでいます」
渚「この前の検査では、基準値の範囲内だったけどこれからpHが落ちて酸性に傾きやすくなるから注意してね。酸性になると塩素剤の効果が弱まるから。それにしても本当にこどもたちが楽しそうだね」
私「プール大好きなこどもがやはり多いですね。pHについては、体育主任の先生に伝えておきますね。あと先生、今度の学校保健委員会のことなんですけど」
渚「講話のことね。水分補給がテーマだっけ。経口補水液について話そうと思っているよ」

私「いいですね。一度しっかり勉強したいと思っていたところなんですよ」

と、来校の機会を捉えて、他の行事の打ち合わせもちゃっかり進めてしまいました。なかなかお会いできるチャンスがないのですが、本校の学校三師[*5]の先生方はみなさん気さくで、物腰やわらかにご相談に応じてくださるので本当にありがたいです。

渚先生、ありがとうございました。また、学校保健委員会については打ち合わせに伺いますね。

♠とても心強い学校医（精神科）の先生

さて、今度は学校医の真子先生（精神科）にお電話します。本校の保護者向け保健だよりで「思春期の課題」をテーマに特集を組んでいて、保護者の方からいただいた質問について真子先生にアドバイスをいただいたので、その部分の記事の確認です。この時間にアポイントメントをとっていたので、さっそくかけましょう。

私「真子先生からいただいたアドバイスをまとめてFAXの通り記事にしましたが、いかがでしょうか」

真「うん。話していた内容を上手にまとめていただいてありがとうございます。細かい文章の修正はFAXを返しますが、基本はこの内容でOKです。よろしくお願いします」

私「ご多忙の折に、貴重なご指導・ご助言ありがとうございました。次は、学校保健委員会でお待ちしております。よろしくお願いします」

いつも、こどもと保護者に寄り添った的確なご指導・ご助言をいただけるので本当に感謝しています。その貴重なご指導・ご助言を、少しでも上手に学校全体で共通理解していける取り組みを今後も考えていきたいです。

さて、朝の健康観察がなかなかできなかったので、欠席者の確認も含めて校内を巡回しましょう。

♠健康観察・情報交換は欠かさずに

今からＥくんの教室の前を通りますが、授業中なので、さらっと通り過ぎますよ。

授業に取り組むＥくんの姿をちらっと見る。Ｅくんとアイコンタクト。うん、とうなずいて、その場を立ち去る。

次はＨさんの教室です。Ｈさんがお昼に来室予定であることを担任の先生にお伝えしておきましょう。

午前中は何事もなく終わりましたね。それでは、Ｈさんの来室に備えて、職員室で給食を食べましょう。今日は、すきやきうどんです。すきやきうどん。「ごはん」じゃないのか。ブツブツ。

私「Ｅくん、今日は調子いいですね」

和「先生がプールに行ってるときに少し来室したよ。なんか、いいことあったみたいだけど、内容は言わなかったな」

私「そうだったんですね。ん？　すきやきうどんうまい！　これは、絶妙なからみ具合ですね」

健「プールはどうだった？」
私「とりあえず今のところ異常なしです。pHに気を付けてとのことでした」
健「僕からも体育主任には伝えておくね」
私「ありがとうございます。あと、内容は不明ですが後で、Hさんが来室します」
和「アレが気になるね」
私「まあ、まずはしっかり聞いてみます」
健「よろしくね」

♠「女子の悩みを聞けない」「女子が相談しないだろう」は思い込み

保健室にHさん来室。

ここで、Hさんとの会話に入る前に、少しHさんについて説明します。知的障害が軽度な彼女は、言葉によるコミュニケーションはとても上手で、冗談も通じる生徒です。中学校の学習で遅れが生じ、特別支援学級から本校へ入学しているのですが、一見すると、どこにつまずきがあるのか分からないぐらいの印象をもちます。そんな彼女は、異性とも仲良くかかわることができ、男性とのお付き合いの経験もあります。中学校や本校での私からの保健学習で生命誕生の仕組みはある程度理解している上での今回の来室となりました。

H「先生、あっ、歯みがき中にごめんなさい」

私「いいよ。午前中は時間がとれなくてごめんな。どうしたの」
H「最近彼氏とはうまくいってるんですよね。でも実は、あの、生理が遅れてて」
私「どれぐらい？」
H「う～ん。ちょっとよく分かりません」
私「よしカレンダーを見てしっかり確認しよう。前の生理が来てたのはいつからかな。この前の内科検診の日はどうだった」
H「まだでした」
私「次の日プールがあったでしょ？」
H「あっ、その日から見学しました」
私「それじゃあその日から考えて、今日は30日目だね。今のところはまだ標準の範囲内だよ。Hさんは周期的にきているほうだと言っていたね。じゃあ、あと一週間待ってこなければまた相談しよう」
H「分かりました。でも前にいつきたかとか忘れちゃうから、不安になっちゃうんですよね」
私「それじゃあ、このダイアリーつけてみない？　1か月ごとに縦に記録していく用紙で、1年間で1枚だからとても分かりやすいと思うよ。自分の生理のことが整理できるし。なんかギャグみたいになっちゃった」
H「何言ってるんですか（笑）。やってみます。ここのメモのところは？」

私「好きなこと書いていいよ。彼氏とけんかしたとか、部活の試合の結果とか」
Ｈ「分かりました！　また書いたら持ってきますね。なんかこれだけで安心できます」
私「それはよかった。おっと、生理が遅れてることだけどさ、とても大切なことだから、おうちの人にも相談するんだよ」
Ｈ「は〜い」

こちらもびっくりしますけど、信頼関係があると、こんな話も普通にできるんですよね。よく、「女子の相談とか対応が難しいのでは」と指摘されるのですが、本当にそうなのでしょうか。男性の養護教諭のほうが相談しやすいという女子はいないのでしょうか。男性の養護教諭がいるから話せる男子はいないのでしょうか。そもそも、養護教諭は女性だからできる職業なのでしょうか。

私が大学の授業や書籍で学んできた養護教諭の「専門性」にはどこにもそんなことは書いてありませんでした。そして、仕事をしていて「これは女性じゃないと無理だな」と思ったことは今まで一度もありません。「性別」という囚われから脱却して考える必要があるのではないでしょうか。

ちなみにＨさんは、その後すぐに生理がきて、本人も周囲の大人もホッとしましたが、それ以来、「恋愛相談」ならぬ「思春期保健相談」を受け続けています。そのような相談を必要としている生徒は、男の子も女の子も今や決してまれではありません。

♠大人の「思い込み」とたたかう

さて、今日はこれから珍しいお出かけです。総合的な学習の時間を活用して、男女平等参画社会について重点的に取り組んでいる中学校があります。その学校で、１時間、私をゲストティーチャーとして招いてくださったのです。中学生に男性養護教諭の存在を知ってもらい、いかに気付かないうちに「思い込み」が作られていくかに気付いてもらえたらなと思います。そのなかから自分も養護教諭になりたいと思ってくれる男子生徒が一人でも出てきてくれたらうれしいですね。「養護教諭は女性の仕事」が隠れたカリキュラム[*6]になり、思い込みによって他人や自分自身の可能性を狭めてしまうような大人にならないことを願います。そのために、私自身も外に発信していきたいです。今お読みいただいているこの本も、そんな願いから生まれています。

というわけで、私の日常はこれでおしまいです。いかがでしたでしょうか。まだまだ、日々いろんなことがありますし、お話ししたいことは盛りだくさんです。でも今回はここまで。またいつでも男性養護教諭がいる保健室へきてくださいね。

それではまた。

＊１　**特別支援学校**＝改正学校教育法により２００７年から、従来の盲・聾・養護学校が特別支援学校に統合された。
＊２　**スモールステップ**＝目標を細分化し、少しずつ達成を経験しながら最終目標に向かうこと。

＊3　**パルスオキシメーター**＝指先や耳などに付け、脈拍数と経皮的動脈血酸素飽和度を測定する医療機器。
＊4　**バイタルサイン**＝主に呼吸・脈拍・体温・血圧の4つ。こどもの状況を見極めるポイント。
＊5　**学校三師**＝学校医・学校歯科医・学校薬剤師。学校保健安全法で置くことが義務付けられている。
＊6　**隠れたカリキュラム**＝実際のカリキュラムではなく、児童生徒自身が、学校生活をおくるなかで身につける知識・行動・意識のこと。たとえば、いじめを許さない人権意識など。

イラスト・笠井瑞紀

第2章

「男」の養護教諭：歴史と養成と現在

川又俊則

第1章では、市川先生の日常のお仕事ぶりをご覧いただきました。

本章では、そもそも、「保健室の先生」と養護教諭って何が違うの？　養護教諭っていつから学校にいるの？　男性養護教諭は女性と違うの？　などの疑問を持つ方にお応えしたいと思います。

1 「養護教諭」とはどのような先生か

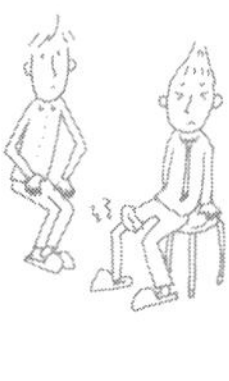

「保健室の先生」とは言いますが、「職員室の先生」「体育館の先生」などとは言いませんよね。あえて言うなら、「クラス担任の先生」でしょうか。それでは「クラス担任の先生」と「保健室の先生」は、同じ「先生」ですが、何か違いがあるのでしょうか。

教育に関する基本的な法律に、「教育基本法」があります。１９４７年に制定され、２００６年に改正されました。義務教育、学校教育、教員などについて示されています。教員については、第９条で「法律に定める学校の教員は、自己の崇高な使命を深く自覚し、絶えず研究と修養に励み、その職責の遂行に努めなければならない」とされています。

また、「学校教育法」は１９４７年に制定され、２０１５年に改正されました。第37条で、「小学校には、校長、教頭、教諭、養護教諭及び事務職員を置かなければならない」とされています。ということは、「教諭」と「養護教諭」は別の職種であり、異なる役割・職務があると法律で明記されていることがわかります。

つまり、クラス担任の「教諭」の先生と保健室の「養護教諭」の先生は、同じ「先生」ですが、法律上の名称では、別の存在であるとわかります。

それでは「養護教諭」とは、どのような仕事をする人でしょうか。

学校教育法には、「養護教諭は児童の養護をつかさどる」、「教諭は、児童の教育をつかさどる」と示されています。繰り返すと、「養護教諭」は「養護」をつかさどる先生ということになります。

「養護」を辞書でひくと、2つか3つの意味（定義）が示されています。たとえば、『広辞苑（第6版）』では次のように説明されています。①「危険がないように保護し育てること」、②「学校教育で、児童・生徒の健康の保持・増進に努めること」、③「心身障害または社会的理由で、特に手当を必要とする者を保護し助けること」。

辞書には、特別支援学校（養護学校）や児童養護施設などの説明もあります。養護教諭は2番目の意味を中心に考えれば、学校現場で保健管理と保健教育を主な役割として担っていると言えるでしょう。

これを踏まえて、養護教諭の役割と仕事内容を2つの図に示しました（次ページ参照）。

つまり、広く一般には、「保健室の先生」という言い方に象徴されるように、クラス担任や授業科目担当をもたず、学校の児童生徒全体（および学校の教職員）の健康に関わりを持つ存在なのです（ただし、第1章や本章でも出てきますが、現在では、養護教諭も、「保健」科目の授業を担当すること

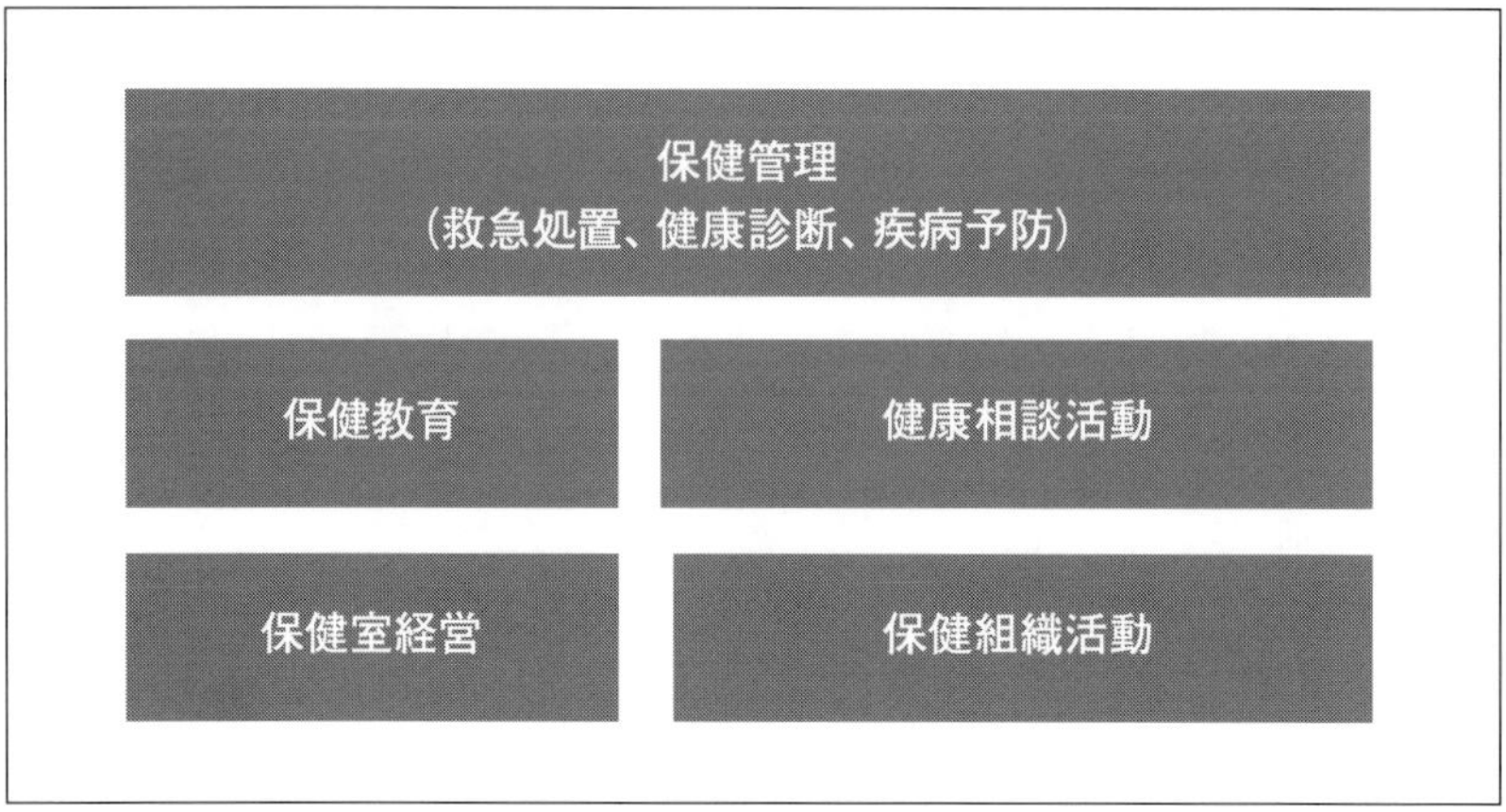

図１　養護教諭の役割

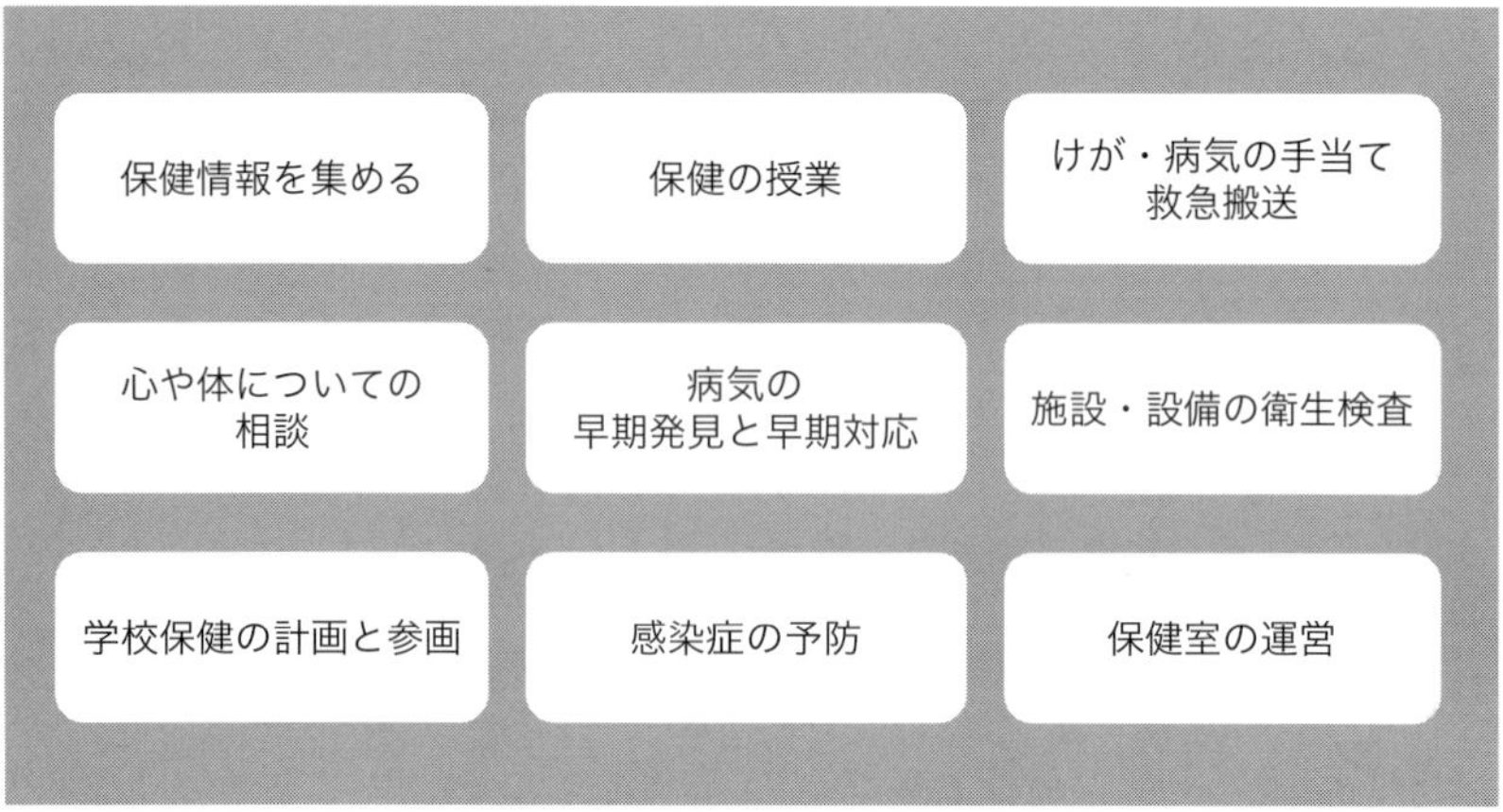

図２　養護教諭の主な仕事内容

はあります)。

もちろん教員ですから、その養成課程のなかで、教職のことを学びますし、教員採用試験では、専門科目（養護）と同時に、基礎教養や教職なども問われます。そして、公立の学校などでは、倍率が十数倍や数十倍という、厳しい競争を乗り越えた人が教育現場で働いています。

2　養護教諭の歴史

次に、養護教諭はどのように学校現場で働くようになったのか、その歴史を、ごく簡単に見ておきましょう。

(1)　前史：学校看護婦と養護訓導の時代

明治政府は、全国統一した制度として教育に関する規定「学制」を１８７２（明治５）年に公布し、これ以降、こどもたちが学校に通うようになっていくのは周知のとおりです。

そして、就学率が徐々に高くなる過程で、トラコーマ（当時の名称はトラホーム）という眼病が流行しました。１９０５（明治38）年、岐阜県で２人の学校看護婦が期限付で採用され、洗眼・点眼を徹底した結果、その罹病率を減少させることに貢献しました。

1912（明治45）年には、大阪府堺市で5名の学校看護婦が、市内全校へ巡回分担されました。同様に、東京等、全国各地で徐々に学校看護婦が増加しました。こどもたちが学校に多く通うようになって、その健康を考えての施策だとわかります。

1924（大正13）年、文部省により第1回学校看護婦講習会が開催され、同職者たちが一同に介する場が設けられます。1929（昭和4）年、文部省訓令第21号「学校看護婦ニ関スル件」が公布され、職務内容に関する全国的な統一が図られました。ということは、それまでは、職務内容に地域差があったことになります。その訓令には、職務内容については記載されていましたが、資格・身分・待遇等の規程は記されませんでした。そのため、学校看護婦は、教員ではなく教員の補助的な職務、すなわちこどもたちの健康問題にのみ関わる者という扱いが続きました。やがて、彼女たちは、自らの身分や待遇、制度の改善を求める職制運動を展開しました。

1941（昭和16）年、「国民学校令」が公布され、第15条に「国民学校ニハ教頭、養護訓導及ビ准訓導ヲ置クコトヲ得」、第17条に「養護訓導ハ学校長ノ命ヲ承ケ児童ノ衛生養護ヲ掌ル」と記載され、養護訓導制度が始められました。ここに初めて養護に携わる人びとが「教育職」として位置づけられることになったのです。さらに、1942（昭和17）年、「養護訓導執務要項」（文部省訓令第19号）には「児童ノ衛生養護ヲ全ウシ体位ノ向上ヲ図ルタメ養護訓導ノ制度ヲ設ケタリ」とその目的が示されました。1943（昭和18）年、養護訓導は各学校において必置の存在となりました。

養護訓導の資格要件は、文部大臣の指定する学校・養成所の卒業者と看護婦免許状有者で国民学校訓導免許状所有者は無試験検定でした。看護婦免許状所有者で高等女学校卒業者などには修身・公民科・教育・学校衛生等の試験検定が行われ、合格者に資格が与えられました。

(2) 養護教諭の養成

第二次世界大戦の敗戦後、あらゆる体制が変わりましたが、学校教育制度も大きく改められました。１９４７（昭和22）年、「学校教育法」により、養護訓導は養護教諭、訓導は教諭と職名が改称されました。同法の「施行規則」第9条で、「養護教諭は養護教諭免許状を有するものでなければならない」と定められ、都道府県主催の養成講習会も実施されました。ここに、「教諭」ではなく、「養護教諭」免許状という、独自の教員免許が示されました。

１９４８（昭和23）年、「公立学校職員臨時設置制」が改正され、養護助教諭の制度が設けられました。正規採用者ではなく、臨時採用者が制度的に導入されたのです。そして、小中学校および特殊教育諸学校において、養護教諭は必置とされました。ただし、「学校教育法」の第１０３条において「養護教諭は当分の間、これを置かないことができる」という条文も残りました。そのため、必置にも関わらず、養護教諭が置かれない学校もあり、結果、全校配置は、その後の大きな課題でした。

１９４９（昭和24）年、「教育職員免許法」が制定され、養護教諭は校種による区別はなく一種類とされました。このとき、看護婦免許もしくは保健婦の免許が基礎資格とされていました。この頃は、看護師こそが養護教諭になっていたのです。ですが、学校看護婦がその前史にあることがわかれば、それは何ら不思議ではありません。そして、そうであるからには、養護教諭に男性がその時点でいないのも当然でしょう。

これが大きく変わるのは、1953(昭和28)年の同法改正です。これにより、大学および短期大学において、看護婦免許を基礎資格としない養護教諭の養成が認められました。この改革はとても大きく、看護師免許を持つ養護教諭、看護師免許を持たない養護教諭が共存することになりました。その区分はそのまま現在まで継続しており、養護教育学関連の学界でも、養成課程の経路として、看護系と教育系、学際系などと分けて説明されることがあります。

その後、1988(昭和63)年に同法の改正によって、養護専門科目が改訂されると同時に、専修・一種・二種との区分が示されました。この区分とは、大学院修士課程・大学学部・短期大学という養成校によって、免許が分けられるということです。これは、「教諭」でも同様の区分です。

さらに、1998(平成10)年の同法改正では、学ぶべき教職科目単位数が大幅に引き上げられました。つまり、教員としての扱いが大きくなったということにもなります。またこの改正より、「養護教諭の免許状を有し、勤務3年以上の養護教諭は保健教科の授業を担当する教諭または講師となることができる」とされ、保健の授業を担当することが可能になりました。

(3) 現在の養成機関

現在、養護教諭は多様な養成機関で養成されています。

課程認定大学等の数について、通学課程は、大学院55校（国立28、公立5、私立22）、大学１２３校（国立22、公立17、私立84）、短期大学専攻科6校（すべて私立）、短期大学14校（すべて私立）、そして通信課程は、大学で4校（すべて私立）です（２０１５年4月）。

大学では、教育学部以外でも教員免許取得が可能という「開放制」の原則から、多様な学部・学科で教員免許取得がなされています。

養護教諭を養成する学部等の割合は、大きく分類すると、教育系（教員養成を主とする）が2割、看護系（看護師養成を主とする）が5割、それ以外の学際系（福祉、栄養、家政、健康などの学部）が3割です（専攻・コース別で算出）。

養護教諭は、教職課程を持つ大学院・大学・短期大学での養成が中心です。しかし、看護師を養成する学校（大学、看護専門学校等）で看護師免許および保健師資格を持つ人が届出で二種免許状を取得することも可能です（持っていればすぐなれるということではありませんが）。さらに、看護師免許を持つ人が、全国に5つある国立大学特別別科（北海道教育大学、金沢大学、新潟大学、岡山大学、熊本大学）で1年間教職・専門科目を学ぶことで一種免許状を取得することも可能です。

教諭のほとんどは、教職課程を持つ大学等での養成を経て免許状を与えられます。これに対し、養護教諭はいくつかのパターンがあることをご存じない方も多いかもしれません。

みなさんの知っている「保健室の先生」は、どの経路で養護教諭となった方でしょうか？

3 現代の課題と養護教諭

(1) スクールナースと養護教諭

さて、他国に養護教諭はいるのでしょうか。

アメリカでは、スクールナース（school nurse）がいます［藤田１９９５］。もちろん看護師資格を持った人です。教育部門ではなく健康保健部門にのみ関わります。病院・地域・学校どこでも同様に働くことが可能な看護婦免許を持ち、複数校での兼務が一般的です。こどもとその親、担任教師三者へアドバイスする位置にあり、教職員のヘルスケア提供者にもなっています。

それと比較すると、保健室でこどもと継続的に関わりながら問題解決を図り、その子の自立を援助する実践スタイルは、日本の養護教諭の独特な性格だと言えるでしょう。養護教諭養成課程を経て、養護教諭免許との固有の免許を持ち、専従する学校に毎日常駐し、こどもを中心に担任教師や親と協力しながら問題解決や自立支援を行っています。教員の一員である養護教諭であり、スクールナースとは自ずとその性格が異なります。この意味で、養護教諭および養成校教員を中心に集った日本養護教諭教育学会という学会は、養護教諭の英語名称を、school nurseではなくYogo teacherとしています。各学校において、保健活動の中心的な担い手である点で両者は共通しますが、大きく異なる部分も注目されるでしょう。

日本では、いじめ、校内暴力、登校拒否、中途退学などの生徒指導上の諸問題解決に対して、専門的立場からの寄与を期待して、文部（科学）省が1995（平成7）年度から公立学校にスクールカウンセラーを配置し、翌年以降も積極的に増員が進められ、1998（平成10）年には全中学校に「心の教室相談員」を配置しています。このスクールカウンセラーは、主に週2回前後、各学校へ出校する体制です。多くは臨床心理士で、教員免許を持たない彼女・彼らは、学校外からの専門家という立場が期待されます。そうすると、先のスクールナースと似たような立場のようにも思われます。

これに対して、養護教諭は各学校の専従者として、スクールカウンセラーとの連携が求められています。

それ以外の国々でも、学校現場に保健部門を担当する職員がいます。ただ、養護教諭という教員の立場で保健部門を担当する専門職がいる日本は、それが故に、さまざまなこどもたちの健康課題（むし歯の減少や身体の成長など）を解決することができたと言えるのかもしれません（多様な要素によるものなので、直接的要因と断定はできませんが）。

(2) 多様な職務と養護教諭

養護教諭の職務内容は、外部から見ると、「健康診断とケガの処置くらいでしょ」となるかもしれませんが、内部をよく観察すると（あるいは第1章をお読みいただければわかったと思いますが）、きわめて多様です。

養護教諭には、①こどもの健康を守る機能、②健康について教える機能、③保健的能力を育てる機能の3要素が必要だとされています。

仕事内容を具体的にみると、児童生徒および教職員の健康診断、日常の外傷等の処置、健康教育の働きかけとしての「保健だより」等による啓蒙活動、保健室の管理運営などがあります。さらに、近年、ヘルスカウンセリング（健康相談活動）が強調されています。

この「ヘルスカウンセリング（健康相談活動）」は、1997（平成9）年の「保健体育審議会答申」で、養護教諭の新たな役割として指摘されたものです。同答申では「従来の職務に加えて、専門性と保健室の機能を最大限に生かして、心の健康問題にも対応した健康の保持増進を実践できる資質の向上を図る必要がある」と述べられ、養成課程・現職研修等の向上と同時に、複数配置のいっそうの促進も謳われています。

1998（平成10）年に出された中央教育審議会の中間報告にも、保健室に関する記述が見られます。

「保健室は『心の居場所』ともなってきている。そして、養護教諭は、悩みや訴えを聞いたり、身体的不調の背景に目を向けることを通じて、こどもの発する様々なサインに早くから気づくことができる立場にある」

このように、保健室および養護教諭への一般社会の期待のひとつが、こどもたちの「心の居場所」であることは明白です。

現代では、児童生徒の健康管理、すなわちケガの処置・体調不良時の休息等で用いられてきた保健室が、それだけではなく、教室へ行くことができない児童生徒たちの学校教育現場としての受け皿と存在の意味が拡張されています。

「常時保健室にいるか、特定の授業には出席できても、学校にいる間は主として保健室にいる状態」と定義づけられる「保健室登校」は、日本学校保健会他の調査でも、増加しています。

校長の理解もあり、保健室とは別に学習室が用意され、全学年の教員が時間割に組み込まれたなどの例もあるようですが、全国各地でこのような措置が一般的とは限りません。「保健室登校」は学校全体で対応されるべきでしょうが、その際、養護教諭が大きな役割を果たす場面も多々あるようです。

「不登校」数は、１９９１（平成３）年度からは「学校基本調査」でも報告され、同年度、小学校で１万２６４５人、中学校で５万４１７１人、合計で６万６８１７人でしたが、２０１４（平成26）年度には、小学校2万５８６４人、中学校9万６７８６人、全体で12万２８９７人とほぼ倍増しました。

「いじめ」をきっかけに不登校になったと学校側が認める国公私立の小中学生は、２００６（平成18）年度に初めて文部科学省に報告され、その全体数は４６８８人であり、不登校全体の３・２％だと示されました。「不登校」の児童生徒は、あくまでも担任・学年団が中心に対応しています。しかし、児童生徒が保健室と関わりをもつ機会が全体的に増加傾向であることは、養護教諭としての職務が増えることと同義でしょう。

上記のような状況のなかで、養護教諭の複数配置への期待は、多くの現場で耳にします。

教職員の配置計画は1959（昭和34）年に始まります。

昭和40年代頃まで、養護教諭は単数配置すら全国的に40％台に過ぎませんでした。その後、徐々に向上しますが、全国では1993（平成5）年から6年計画で30学級以上を持つ学校に複数配置を措置する方針が決まり、2001（平成13）年の「第7次公立義務教育諸学校教職員定数改善計画」で、養護教諭の複数配置の改善数が、小学校851人以上、中学校801人以上、特殊教育諸学校で61人以上と明示されました。

しかし、学校現場からすれば、これらの措置も十分とは言い難い状況です。

自治体によっては、健康診断等の多忙な時期のみ、臨時の加配が実施されているようです。しかしこれは、事務処理要員としての加配であり、複数配置を求める現場の意図とは乖離していると言わざるを得ません。

このように、多面的課題を抱えながら、現在、各学校で養護教諭が勤務しています。

4　男性養護教諭の登場

(1)　統計上の変遷

男性養護教諭はどのように登場してきたのか確認しましょう。

まず、学校基本調査による統計資料を見ます。それによれば、１９６７（昭和42）年に男性養護助教諭が初採用され、翌年、養護教諭第1号が誕生したことになっています。

ただし、その男性養護教諭の第1号は「高知県」が最初のはずですが、その後、２０１３（平成25）年に、同県で「本当の」第1号になった方の話では、周囲からは彼自身が第1号として認知されているようです。

また、例えば１９７５（昭和50）年から１９７９（昭和54）年までの5年間の男性養護教諭の人数は、13人、5人、16人、8人、13人と目まぐるしく変動しています。常勤講師を養護教諭として報告している可能性もありますが、養護助教諭ではなく、養護教諭自体が毎年大きく変動していたことを鑑みても、この統計の過去の記録は慎重に扱うべきだと考えます。ただし、定点観測として目安にはなるので、その後の数値も追っておきましょう。

すると、１９７０～１９９０年代は10人前後で推移し、養護助教諭を加えて20人以上になる年もあ

りましたが、それ以上にはなりませんでした。

それを考えると、２０００年代に入ってから、30人、40人、50人と増えており、全体から見ればまだごくごくわずかですが、その伸び率自体はかなり高いのです（図２）。

校種は先に述べたように、特別支援学校で働くケースが多かったようです。こどもたちの対応で体力を要するからとも想像されます（本章６、佐川さんの回顧を参照）。しかし、この因果関係は、採用者側の検証なしに実証できませんから、本書ではあくまでも推論に留まります。

全国各地にある養成課程校に、現在数十人が通っていると思われます。残念ながら、すべてに男性がいるかどうか悉皆調査（全体への調査）は、私自身まだできておりません。そのような報告も見たことがありませんので、詳細な数値を示すことはできません。

ただし、後で述べる男性養護教諭友の会の研修会には、毎年志望する学生が10人近く参加しています。したがって、全国では数十人の男子学生が、女子学生たちと一緒に養護教諭をめざし、勉学に励み、教員採用試験を受けていると思われます。

なお、小中学校において「養護教諭」は「必ず置かなければならない」とされています。いわゆる「必置」です。読者のみなさんが通っていた小中学校では、健康診断やケガの処置などでしかお世話になったことがなかったとしても、たしかに、保健室の先生は「必ず」いたことを思い出すのではないでしょうか。

ただし、養護教諭全体の数を考えると、その数はごくわずかです。全国で約４・１万人（２０１５

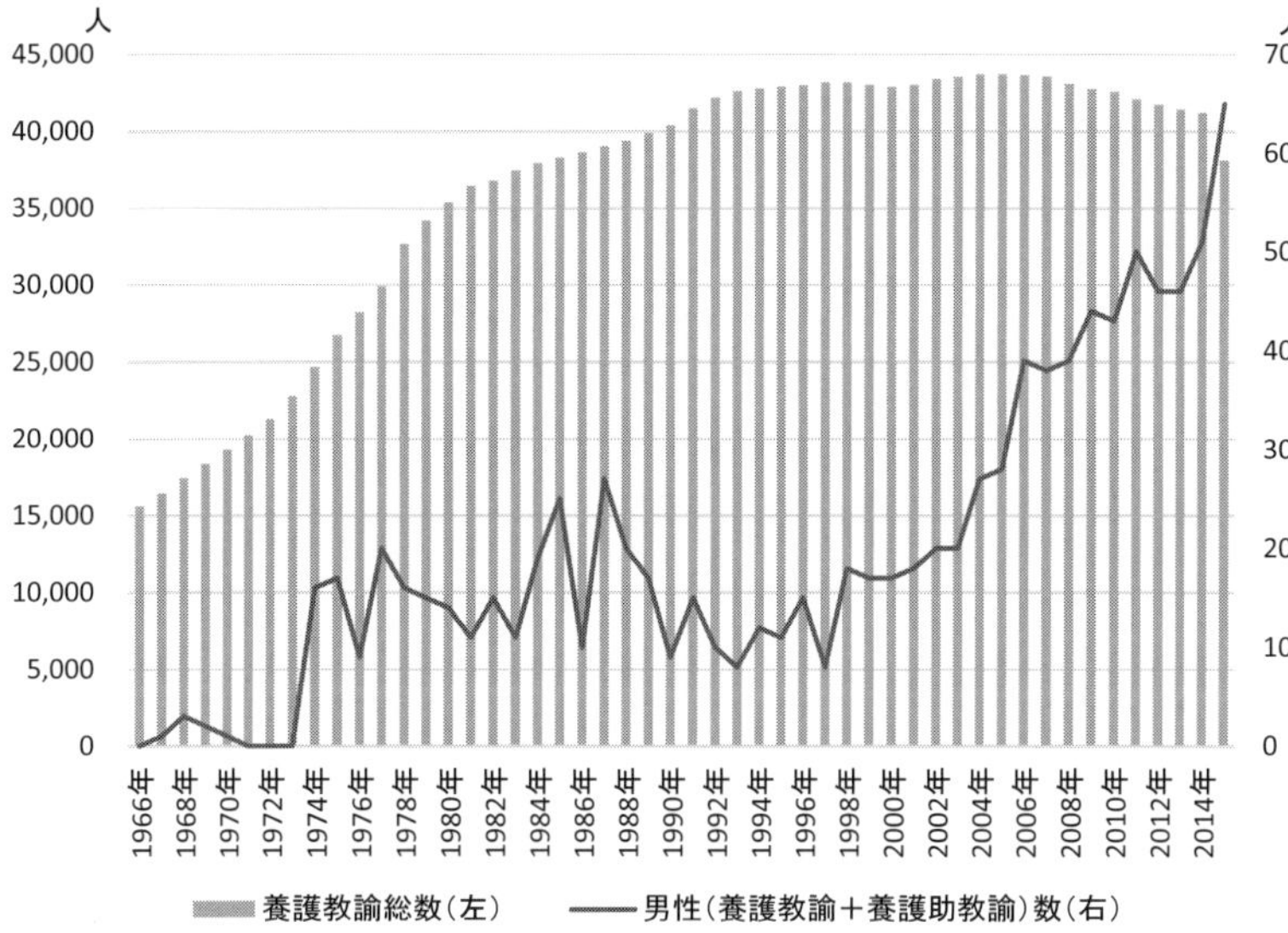

図２　養護教諭総数および男性総数の推移（1966〜2015年）

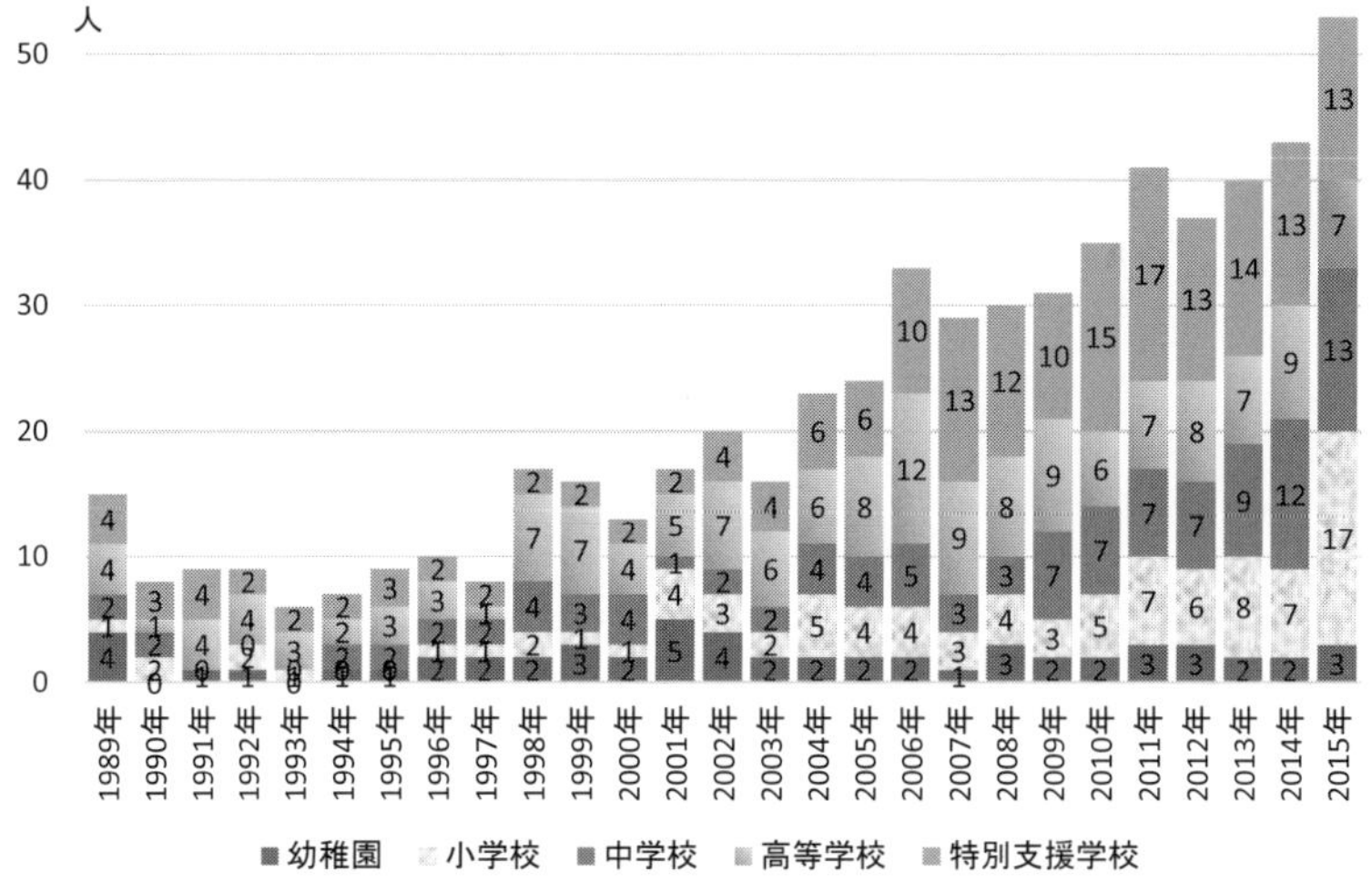

図３　校種別男性養護教諭数（1989〜2015年）

年）いる養護教諭・養護助教諭で男性はわずか0・16％の65人しかいません（図2）。

養護教諭（正規採用）は国公私立の学校で約3・8万人おり、そのうち男性は53人です（本務者）。養護教諭の補助として（多くは臨時採用等で）働く養護助教諭の男性は12人です。これは多様な校種で働いているすべての合算です。全国を見渡しても、養護教諭として働いている男性は100人もいない「希少な」存在なのです。ただし、2000年代以降、急増中という指摘もできましょう。2014年は養護教諭が43人、養護助教諭が8人でしたから、とくにこの1年間でなんと10人以上増えた（約30％増！）こともわかります。2016年は果して何人になっているでしょうか。

彼らはどの校種で働いているのでしょうか。

2014年は、特別支援学校（13人）、高等学校（9人）、中学校（12人）、小学校（7人）、幼稚園（2人）、そして2015年は、特別支援学校（13人）、高等学校（7人）、中学校（13人）、小学校（17人）、幼稚園（3人）です（図3）。2015年に小学校で採用された人が急増したこと、男性の養護教諭を校種別に見ると、他と比べて特別支援学校での勤務者が2000年代になってからずっと多かったことなどがわかります。

(2) 男性養護教諭の研究

男性の養護教諭志望者を対象に、主に養成課程校の教員たちの研究や彼ら自身による修士論文や卒業論文などの研究も、1980年代以降、いくつも見られます。論文として紀要などに掲載されており、一般の方もウェブサイトからダウンロードして読める研究もあれば、卒業論文や修士論文として大学に提出された後、論文としての刊行がなく、一般には読めないものもあります。私は、知り合いの先生を通じて現物を拝見し、確かに、こういうテーマの研究があったことは実感しています。

そのうち、ぜひ一読してしていただきたいものを２つ紹介します（巻末参照）。

１つは、教育委員会を対象にした調査です［津村他２０１０］。明らかに男性養護教諭が働いている県にもかかわらず、「採用なし」などと回答されたことが示され、そのことをもって教育委員会側のジェンダー意識度の低さも示されています。

もう１つは、小学生でも男女とも同性養護教諭を求めている傾向を解釈した調査です［山梨２０１２］。男子実習生などで接点をもった児童生徒は、男性養護教諭の存在により受容的な結果でした。他の先行研究で児童生徒は男性養護教諭に肯定的で、この論文では男女の組み合わせの複数配置を提案しています。

その他、現職の女性養護教諭に対する調査では、男性の採用にやや肯定的でも、必要性を感じない人が半数以上、他の質問項目と比べ「わからない」が多く、存在を想像できない人や、関心が薄いことも推察されます。また、男性は「女子への対応に課題がある」との認識を多くの女性養護教諭が持っていたようです。

私自身もインタビュー調査を踏まえ、これまでいくつか論稿を発表してきました。本書はそれらを基礎にしています。

それでは、異なる養成課程を経て、１９８０年代から２０００年代にかけて、別々の県で養護教諭として働いた二人の先駆者の簡単な生活史（ライフヒストリー）をご紹介します。第１章に登場した市川先生が２０１０年代に活躍中ということをふまえ、それより数十年前の方々がどのようなご苦労をされながら働いていたのかをおさえておきましょう。

5 看護師から養護教諭へ——先駆者・横堀良男さん

① 看護師になるまで

横堀良男さんは、高校卒業後、浪人をしていたときに、ある駅前で医師である先輩に出会います。その先輩から、まだ受験可能な学校を紹介してもらい、受験しました。合格し、作業療法・理学療法課程の学校かと思って入学式に出たら、看護課程で驚いたそうです。周りは全員女性でしたが、気持ちを切り替え、看護師をめざし、卒業後、精神科の看護師として6年間、勤めました。当時、男性看護師は、内科など他の部署では採用されなかった時代でした。

精神科には中学3年生の女子の患者も来ていました。看護師として勤務しているうちに、横堀さんは、この子のように病気になってから対応するのではなく、「病院に行かせないようにしたい」との思いをもつようになりました。精神科に入院しなくてもいいようにできないかと考え、それで、保健室の教員をめざしました。

②特別別科・採用試験

看護師資格を持っていれば、先述の通り、１年間特別別科で学ぶことで養護教諭免許状を取得できると知り、該当の大学に入学願書を出しました。しかし、面接試験で、ある面接官から変なことを言われます。

「男性養護教諭の採用予定はありません」

「養護実習、教育実習を受けてくれる学校がありません」

「男性が受験するなんて思ってもいませんでした」

その年は不合格でしたが、最後に面接官の１人が、「来年もぜひ受験してください」と言ってくれたそうです。そこで翌年も受験します。すると「（男性の）教員採用予定はありませんが、養護実習を受けてくれるという人が現れました。大学付属小学校の女の先生です。それでもいいですか」って。もちろん「いいです」と言い、合格。

入学後、指導教官と２人で教育委員会に挨拶に行きますが、男性養護教諭のことを理解されぬまま、希望を与えないことを３つ言われます。

「ＰＴＡが許してくれないだろう」

「男性は初潮教育できるんですか」

「女子児童にも触れることあるでしょう。あなたは、触れますか」

看護師として働いてきた横堀さんは、「常識で考えたら分かるだろう」と憤慨。脚や手はもとより、「患者さんは、お腹くらいは触らせてくれました。もちろん、女性の胸は絶対触りません。そもそも、女性の導尿なんて男性の看護師はやるわけない。そういうことはわきまえていますよね。ところが、先の発言をした人たちは、そんなことも理解できていないんです。そんな不条理な状況でした」。

特別別科同級生二十数名のうち、男子は横堀さんだけでした。

指導教官は彼を応援してくれました。1年で修了した後、養護教諭になる意識を低下させないようにと大学での手伝いを認め、彼は、トラックの運転手や福祉施設で看護師としてアルバイトを続けながら、採用試験合格をめざします。郷土の教育委員会に再度問い合わせ、男性の養護教諭採用は、そのときもないとの返答でしたが、近県で男性の採用予定があるらしいとの情報を得、受験したら、見事合格し、小学校に採用されました。

③小学校の養護教諭

横堀さんは、山間部の集落の小学校に赴任します。児童はおよそ200名。実は同県では彼の1年先輩の男性養護教諭が1人採用になっていました。その人がたいへん立派な仕事をしたおかげで、「男性の採用もいい」と理解されたと、横堀さんは彼に感謝しています。

同僚にも恵まれました。５年生の担任の女性の先生が、性教育をするときに横堀氏を教室に入れ、女子に対する性教育を見学させてくれました。当時は、男女を分けて性教育を行っていましたが、それを彼に見学させてくれたのです。その頃から、女の子たちも横堀氏に安心してくれるようになり、結果的に、保健室には「めったなこと以外で来たらダメ」との指導をしていた前任の先生より、保健室の利用率は高くなったそうです。その女性の先生とともに、後に、ＰＴＡの人たちが受け入れ、彼はずいぶん助けられたそうです。

やがて、一年先輩の男性養護教諭と連絡を取り、情報交換をします。そのとき、「全国に男性は何人いるか調べてみよう」という話になって、当時の文部省に電話しました。しかし、「どこかにはおられるでしょう。でも、プライバシーがあって、どこの誰ということは言えません」「３か月、４か月の臨時採用の男性はいるようですが、はっきり掌握はしておりません」などという回答でした。それで分担して、全国各地の教育委員会に電話をかけ、男性養護教諭について尋ねてみました。しかし、どの教育委員会からも「いる」との明確な返事はなかったそうです。

横堀さんは小学校で、児童一人ひとりの簡単なカルテを作って観察しました。すると、対人的相互作用や意志伝達がうまくいかない子が健康群のなかにいると「いじめられっ子」となる可能性が高いと気づきました。また、「いじめられっ子」が、いじめられているうちに、我慢しきれなくなって、教室のなかで奇声を発したりとか、居たたまれなくなって廊下に出たりとか。そして、他人とのコミュニケーションがとれなくなり、そのうち、被害妄想的なことが加味されて、悪くなり、入院して治療しようとなっていきます。そういう子たちが精神科に入院してくることを再確認しました。

横堀さんは、こういうことが分かったら臨床の現場に戻ろうかと思っていたのですが、健康群のなかにいて、不健康な子を出さない仕事をしたいと思うようになって、ずっと養護教諭を続けていこうという決心が固まり、1年を無事に過ごしました。

④看護教員に転ずる

ところが、県を超えた人事交流があり、故郷への転勤辞令がありました。最初は断っていたそうですが、校長先生から「いま断ったら、戻れないぞ」との助言をもらい、PTA会長にも、「1年しかいなかったけど、いいぞ、お前、戻れ」と言われ、戻ることを決意します。

しかし、養護教諭としての転勤と思っていたら、赴任先の校長先生から「あなたはね、看護教員として異動してもらったんだ」って言われ、「だまされた」気がして、自分がどん底にまで落とされたように感じます。「教育委員会に言って交渉してもしかたないし、しばらくは看護教員をしなければ」と切り替え、その高校で、クラス担任を十数年続けました。

ある日、担任するクラスの子で、体調が悪く、保健室に「行ってきなさい」と言って送り出した生徒が泣いて帰ってきました。「どうした」と尋ねると、保健室に入ったけど何もしゃべれず、じっと考えて、モジモジしたままだったので、養護教諭に「何も話さないなら帰れ」と怒られ、泣いて戻ってきたそうです。そのとき横堀さんは、この子を何とか支援していかなければならないと思います。

しかし、クラス担任としては集団生活のなかで一人ひとりの人格を作っていく前提があるので、とくに、病気などの人格にかかわるようなことをクラス内で話すなどということもできません。その子に気遣いつつ、一般的な話しか言えない、健康に関する支援は、個人指導ではないとなかなかできないと気づいたそうです。

そんなこともあり、「養護教諭になりたい」という気持ちが再燃します。そして横堀さんは、教育委員会や校長に交渉を重ね、養護教諭への希望（異動願い）を出し続けました。

⑤高校定時制の養護教諭へ

看護教員として十数年我慢してきた彼に、養護教諭になるチャンスがきました。「精神科に勤めていた養護教諭がいる」という校長先生同士の話し合いから、養護教諭としてある定時制高校へ着任。「いや、もう、うれしくて、うれしくて……。たいした喜びだったなぁ」。

しかし、赴任先の職員室では「どうやって男性養護教諭を受け入れるか」とひと月前から検討。「来てから考えよう」との結論は、「みなさん、こんにちは」って職員室へ元気に入ってきた横堀さんを見て、職員室のみなさんは安心したそうです。男性の養護教諭なんて見たことも聞いたこともないから、きっと、暗い男で、閉じこもり傾向で……などと想像し、ちょっと変わった奴じゃないかと思い込んでいたらしいのです。だけど、横堀さんの「こんにちは」って声一発でそれらが払拭されて、そこから、いろいろなことが始まるわけです（次ページ新聞記事参照）。

保健室の先生は男

道内唯一 横堀良男さん 旭川北高定時制

女性の仕事というイメージが強い職業の一つ、〝学校の保健の先生〟。現在、全国に約四万人いる養護教諭のうち、男性はわずか十五人といい、資格を取っても採用がほとんどないのが実情という。なぜなのだろう――。道内にはただ一人、男性の養護教諭がいると聞き、学校を訪ねた。

（元井麻里子）

旭川北高定時制の横堀良男さん(五四)。道内初の男性養護教諭として昨年四月に赴任した。それまでは美唄精華高で十九年間、看護師を養成する授業を受け持っていた。「ずっと養護教員になりたくて、辞令を心待ちにしていたんです」と穏やかな笑顔で話す。

■養護教諭の人数(2002年度)■

学校の種類	全国 女性	全国 男性	北海道 女性	北海道 男性
小学校	22,876	3	1,432	0
中学校	10,498	2	677	0
高等学校	5,871	6	407	1
中等教育学校	8	0	—	—
盲学校	78	0	5	0
ろう学校	118	0	9	0
養護学校	1,086	4	64	0
合計	40,535	15	2,594	1

(文部科学省統計資料より)

32歳まで看護師

横堀さんは北見市出身。もともと看護師として札幌市内の病院に勤めていたが、「子供の健康に一対一でかかわる仕事がしたい」と、三十二歳で道教大函館校に入学した。だが当時、道内で男性養護教諭の採用実績は皆無。山形県の小学校に採用枠を見つけ、やっと赴任したものの、わずか一年で請われて美唄聖華高に異動した。

「望んだ仕事 性別意識しない」

「生徒とも打ち解けて、充実した毎日を送っています」と、笑顔で話す旭川北高の養護教諭、横堀良男さん＝保健室

女子生徒の来室減らず

旭川北高では二十年ぶりの養護教諭の仕事。「性別はまったく関係ない」というのが横堀さんの実感だ。同僚で同校全日制の養護教諭、杉沢恵さんも「仕事上、自分が女性であることは意識していません」と言い切る。

とはいえ、現在六十人いる定時制生徒の四割が女子。多感な時期だけに、生徒の足が保健室から遠のくのでは…という心配を、当初は横堀さん自身が抱いていたという。

触診は同性に

「女子には最初、友達と二人で保健室に来なさいと指導していました。『おなかが痛い』と訴える子が来たら、私に代わって友達の女生徒に腹部を触らせるのです。仮病も表情を見れば分かりますが、友達も交えてじっくり話を聞く。そのうち、みんな打ち解けるようになりました。今では一人で来る子が大半です」

生理痛相談も

着任から昨年十一月までの約半年で、保健室を訪れたのは延べ七百二十五人。女性の養護教諭がいた前年までとほとんど変わらない。女子が来る理由には「生理痛」も目立つ。

保健の先生のイメージは、一般には〝お母さん〟かもしれない。「けれど実際は、ある時は父親、ある時は母親で、あるいは物分かりのいい年上の友人だったり、近所の怖いおじさんだったりと、いろんな役回りが求められる。それは女性の養護教諭もまったく同じはず。私は男性がもっと増えても良いと思います」と力を込める。

「北海道新聞」2003年3月9日

横堀さんは、自分の着任のせいで保健室の利用が減ったら困ると思い、生徒たちに対して、保健室にいろいろな興味関心をもたせる作戦を始めます。

１つめは、廊下で会うたびに、「こんにちは。今度、２人で保健室に遊びに来てください」と、女子生徒たちに声をかけまくりました。向こうは、「この人どんな人だろう」と思ったでしょう。でも、男性養護教諭という興味からか、休み時間に来てくれたそうです。

保健室に生徒が来ても、すぐに健康のことを話そうとは思わず、手品をしたり、身体クイズや恋愛話などもしました。質問があったときは、もちろん、それに真剣に答えましたが、女子に対する接し方は、前任校で経験しており、このやり方は、うまくいったかなと思います。まずは、保健室の雰囲気作りをしたそうです。

２つめは、女子に対する処置や触診です。捻挫や打撲、皮膚疾患などで触れることが必要なときは、手を石鹸で必要以上に洗って、声をかけ、「私は清潔ですよ」とその様子を見せました。胸やお腹の触診が必要なときは、もう１人来ているので、その子に指示を出して触ってもらっていました。

「保健だより」も、Ａ４サイズで文章を短く、電車の中吊り方式で、見出しで勝負しようとして、とにかく見てもらおうとしました。「先生、もっと知りたい」と言われるようになってからは、「保健だより」の裏に、詳しい説明を書くようにしました。

保健室登校していた子に対しても、一生懸命対応しました。「どうして学校へ行けなかったんだ」と聞くと、先生の指導の意図がしっかり伝わらず、登校する意欲をなくしていたような子もいることに気づいたそうです。

定時制ですから、なれなれしい子もいました。やがて、1日30人、40人も保健室に来るようになりました。全校生徒で72人しかいないのに。病気などの理由以外にも、来室理由はあるわけです。それで、生徒たちの話を聞きながら、いろいろと問題を抱えていた定時制の生徒全員を卒業させました。そうすると、横堀さんは周りから「先生どうした（ら、全員を卒業させることができた）の？」と聞かれました。

いろいろな方法で、とにかく、生徒たちを呼び込んで、保健室に来させるようにしたそうです。たとえ、サボリだと分かる来室でも、本人が希望すれば1、2回は休養させました。でも、まちがった方向には行かないような示唆は必ず行っていたようです。

そして、その後、保健室に30分来ていたのを、29分、28分と徐々に短くして、そうして、最後には、教室へ行くようにしました。生徒の辛いことを受容共感しながらも、生徒たちが自分がやっていることを軽く訂正してあげるという作業をしてきたのです。

横堀さんには、1人、よく覚えている保健室登校していた子がいます。

その子には「花好きかい？」って聞きました。すると、「嫌い。でも祖母ちゃんが作っている」。「じゃあ、毎日、祖母ちゃんの花を教室に飾りに来るように」言いました。

それからひと月は、何もなかったのですが、花が咲く時期になったら、その子は、一輪挿しの花を教室に生けてから下校するようになりました。それが、2週間くらい続いて、そのうち、担任の先生や生徒から「すごいね」って言われるようになります。そうしたら、教室に入れるようになって、保健室登校は卒業。

その子の祖母さんが作っていた花は３種類しかなかったそうです。それで、最初は、３日に一度は同じ花だったんです。だけど、いろいろ考えたその子は、ある日、違う種類の花を２本生けたんです。やがて、そのうち１本だけ造花に。その造花は、ひと月ごとに色を変えていきました。自分で考えて行動するまでになり、いいなと思っていました。そうやってだんだん学校に来ることができて、結局、無事に卒業。横堀さんはとてもうれしかったそうです。

その子が保健室に来ていたときに、「看護婦さんになりたい」って言っていたので、「勉強したら大丈夫だよ」って答えました。そしたら、医師会の夜学ですが、見事に合格。横堀さんが４年間いたうちに、２人が准看護師の学校に入学しました。なりたくても、そう簡単にはなれないのに。目的意識をもってできたという画期的なことでした。保健室には、生徒たちのために、病理的なことや薬のことに関する本も置いておいたそうです。

⑥小中学校勤務

その後、N町立O小中学校に養護教諭として単身赴任します。「山村留学」制度を推進している学校で、小学１年生から中学３年生までの児童生徒と親が、全国各地から来ていました。

この学校は、まさに山の上にある学校で、この地域には世帯が約30戸。

校務分掌としては、研修部に所属していて、月1回の研修会では、先生方に個々の児童生徒に対応した救急法の指導もしていました。養護教諭は、医療的行為はできませんが、このような地域ではその知識が役に立つのです。

当時は、月に1回くらいしか（自宅のある）M市には戻れませんでしたが、やりがいがあって、楽しかったそうです。いろんな子たちが、それぞれ個性を持ち、充実した3年間だったと振り返っています。

3年間、O小中学校に勤め、定年を迎えて退職しました。自分なりにもう十分やったと思っているので、再任の話は全部断ったそうです。ただ、委嘱されたので、M市の男女共同参画審議会の委員はしています。その会では、「行政の管理職を30%女性に」等の数値目標を主張する人がいるなかで、横堀さんが、「男性養護教諭が何%いるか知っていますか」と言っても、なかなか男性養護教諭の誕生に賛同してくれるような状態になっていないので、がっかりすることも多いようです。

しかし、彼の後輩たちが男性養護教諭友の会を結成すると、横堀さんは、毎年の研修会に参加し、穏やかに、後輩たちを励まし続けています。

6　養成校から特別支援学校勤務へ――先駆者・佐川秀雄さん

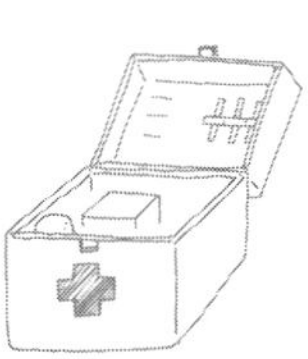

①養護教諭になるまで

東北地方に生まれた佐川秀雄さんは、教員をめざし、隣県の養護教諭養成課程のある大学に、浪人を経て、進学しました。

大学１・２年の野外実習（環境問題と健康）を通じて、病気や差別に強い関心をもつようになります。同大学には、もう１人養護教諭を目指す男性（同年齢）もおり、２人とも教員採用試験に合格し、（養成校のある）同じ県で勤務しました。

②新設校を歴任する

佐川さんは１９８２（昭和57）年に、新設の特別支援学校（知的障害、当時養護学校）へ赴任します。その際、大学時代の教育課程では、現場（保健室・学校）の日常の仕事は全く学んでいなかったことに気づき、誰も教えてくれないという状況のなか、自ら、勤務しながら学び取って行きます（このことは、以後、後輩たちへ必ず助言をしています）。事務処理、安全対応だけではなく、教員の健康管理や保険のとりまとめも期待され、先輩・同僚の助けを受け、日々新たな仕事を覚えていきます。

１９８５（昭和60）年、県内に新設された特別支援学校（知的障害）に赴任して9年勤務します。続いて、１９９４（平成6）年、他の特別支援学校（肢体不自由）へ転勤します。１９９５（平成7）年には、ある新聞の特集「男性が少ない職種で活躍する人」として取り上げられ（次ページ参照）、後に、学校保健関係専門誌でも紹介されます。

２００１（平成13）年、病院併設の特別支援学校（病弱）に転勤します。

③大学院での学びと早期退職

かつての調査研究を自ら再度行いたいという思いが深まり、佐川さんは、同年頃から開始された、大学院修学休業制度の利用を考えます。そして、２００２（平成14）年11月、出身校の大学院を受験し、合格します。

そして、教員の身分を保有したまま、大学院に在学し、研究や学びを深めます。2年間学ぶ間、給与は出ないため、配偶者の理解が当然必要になりますが、その了承を得て、調査研究に充実した生活を続けました。その学生時代、同大学学部に、男性志望者がいました。結果的に、彼を励ます役割もしました（その彼は後に無事に合格し、現在は養護教諭の現職者として活躍中です）。

とくに、自らのそれまでもっていた関心以外にも、精神科、多重人格、ＰＴＳＤ（心的外傷後ストレス障害）などについて、大学院に入ったことで、より深く学ぶことができたことはとてもいい経験になったと言います。修士論文では、「医療的ケア」の実態を調べてまとめました。

はたらく現場で

少数派の男性たち ②

保健室の先生「心の支え」に男性も必要

保健室で、男の先生を見たことがあるだろうか。茨城県立水戸養護学校吉沢分校の佐川秀雄さん(三八)は、全国でも数少ない、男性の養護教諭である。

養護教諭とは「保健室の先生」のことだ。傷の手当てや身体測定などのほか、衛生や栄養面について指導する。女性が圧倒的に多く、文部省の今年度の学校基本調査によると、全国の小中高校と盲聾（ろう）養護学校にいる約四万人の養護教諭のうち、男性は九人しかいない。

女の子に気づかい

佐川さんは、茨城大学教育学部の出身。養護教諭課程を受験したのは「競争率が低かったから」。当時、養護教諭とは何の先生なのかよく知らなかった。四十人の同級生の中で男性は自分だけ。「とんでもないところにきた」と思った。

本気で養護教諭になる気はなかったが、ゼミの教授を手伝って公害病の児童の調査をするうちに、子どもたちの健康を守る「保健室の先生」を一生の仕事として志すようになった。

全国の男性養護教諭のうち三人は、佐川さんのように養護学校に勤務している。「介護の必要な子が多いし、一日に何度も発作を起こす子もいる。男手が期待されるのでしょう」。水泳の時は、ふだんは車いすに乗っている子どもを抱いてプールに入る。教室で倒れた一〇〇キロ近い生徒を、担架で運んだこともある。

男性であるために困った体験はほとんどない。ただ、思春期の女の子には気をつかう。服を脱いでの身体測定を実施していた前任校では、女子の番になると部屋の外に出た。今の学校では男女とも着衣のままで測定するから、少しほっとしている。

保健室での仕事は一般の先生たちにもよく知られていない。授業を持たない分、軽んじられる傾向もある。「先生はひまそうでいいね、と言われるのが、一番グサッとくる」

養護教諭の前身は伝染病対策のために配置された「学校看護婦」。「養護訓導」という名称になり教育者として認められたのは、太平洋戦争が始まった一九四一年。丈夫な「少国民」作りが目的だった。四七年の学校教育法施行で、「訓導」が「教諭」に変わってからも、一般の先生とは一線を画した扱いが続いた。

いまでも、看護婦の資格を持つ人が一年間、教育学部の特科に通うと養護教諭の免許が取れる。

健康管理を超えて

愛知教育大学養護教育教室の堀内久美子教授は、養護教諭に男性が少ない理由を「いまだに看護職の色合いが強いから」と指摘する。

佐川先生の保健室の棚には、私物の蔵書も並んでいる。「子どもたちだけでなく、疲れた先生たちの安らぎの場にもしてほしい」＝水戸市の茨城県立水戸養護学校吉沢分校で

堀内教授の教え子の佐藤聡彦さん(二六)は三年前、数人の男性養護教諭からの聞き取りをして「男性の養護教諭」という卒論を書いた。今、都内のコンピューター会社でシステムエンジニアをしているが、養護教諭志望だった。実習先の学校で採点された教育実習の成績が悪すぎて、受験をあきらめた。「実習は一生懸命やったので、成績が悪かったと聞いて意外だった。やはり男は養護教諭に向いていないと思われているのか、と思った」と残念がる。

いじめによる自殺をきっかけに設置された文部省の「いじめ対策緊急会議」は今年三月、「子どもたちの心の居場所として養護教諭を活用する」との報告書をまとめた。いじめや不登校など問題を抱える教育現場で、養護教諭には、子どもたちの体の健康管理だけでなく、「心の支え」としての役割が期待されるようになった。

佐川さんの保健室にも時折、悩みを抱えた子どもが訪ねてくる。医療施設に併設された学校のため、入退院に伴う転入、転出が多く、友達とうまくいかない子もいる。思春期の男の子には、女性の担任に反抗ばかりする子もいる。

「女の先生に相談したい子もいれば、男の先生に聞いてほしい話もある。子どもに男女がいるのだから、保健室にも男女の先生がいた方がいいはずです」

「朝日新聞」1995年8月29日付

現場復帰後、佐川さんは２００５（平成17）年からは2年間、「保健」の授業も担当しました。２００７（平成19）年、新設の併設型特別支援学校（知・肢）へ転勤します。そして、2年間勤務した２００９（平成21）年3月に早期退職をしました。

その後、介護員2級の資格を取得、それまで深めたいと思っていた福祉の勉強をしたそうです。また、東日本大震災前後から、実家のある県内過疎地域で、家族の介護をしながらのボランティア支援なども行う一方、期限付講師への強い誘いも受け、普通科の私立高校などの保健室も担当しました。

このように、彼は退職前まで、県内各地の知的障害や肢体不自由などの特別支援学校5校を経験（多くは新設に赴任）してきました。その結果、「地域保健」を常に考えた教員生活でした。

④振り返り

特別支援学校ということもあって、児童生徒たちと、言葉によるコミュニケーションが困難な状況も多く、日常の観察などが重要であり、その部分も鍛えられたそうです。そして、例えば「畑で誰々が倒れた」というときに、誰がどう動けばいいのかなど、さまざまな場面を想定し、自らと担任・他の教員・管理職との連携がスムーズにいくように訓練も何度となく行いました。

自らは「動けるところ、体力的なところを頼りにされていた」と回顧しています。特別支援学校では、保健室だけではなく、一般教員も複数配置で担当することも多く、常に教員間の連携が必要であり、保健室だからと特別に性別にこだわらない先生方のなかで仕事をしてきました。担任団と相談しながら、思春期を迎えるこどもたちに、「性」のことをしっかり教えることにも尽力したのです。

彼の出身校には、男性の後輩が何人もいました。しかし、免許状を取得できても、数回教員採用試験に落ちた後に、小学校（小学校教諭免許も取得可能）か一般企業へ行くケースが多かったようです。そして、また、「自分の採用については、当時、特別支援学校の義務化に伴う施設整備事業や、採用教員の増加という背景を踏まえたものだろう。管理職しだいというところが大きいが、自分は恵まれていたと思っている」とも述べています。

佐川さんも男性養護教諭友の会には可能な限り出席してくださっています。そして、自らの経験を語り、後輩たちを励ましています。


以上、養護教諭として保健室を通じて児童生徒の健康維持をめざし、また、組織の一員として複数配置を含め周囲と連携してきた教員の姿（の一部）が示されたでしょう。

２人の先駆者は、すでに現役生活を終え、現職者や志望者たちを応援する側に回っています。彼らの後に続く人びとを、第３章、第４章で語ります。

その前に、男性養護教諭同様に〝女性の職種〟と思われている家庭科教諭、看護師、介護職、保育者などをとりあげ、歴史的な経過と現状について、先行研究などを参照しながら簡潔にまとめてみました。それぞれの職種における男性参画の展開や困難などを確認することで、養護教諭との共通性や独自の課題が見えてくるでしょう。

1 家庭科教諭

かつて家庭科は女子のみ履修の科目でした。でもいまは男女共修です。そうなったのは中学校では1993（平成5）年から、高等学校は1994（平成6）年からです。もう20年ほど経過しています。

家庭科について、教育内容や教科書、生徒の意識調査などを見ると、女子のみの履修時代につくられた「女性イメージ」や「ジェンダーの再生産」という指摘があります。家庭科免許を取得できる大学は、女子大学が6割を占め、結果、男子生徒の選択肢は限られ、教師配置の性別比率のアンバランスは、現在も続いています。

そのなかで、生徒たちに「男性も調理、裁縫ができる」意識を抱かせ、男子学生に家庭科が「自分には関係ない」科目から興味をもつ科目へ転換させている様子もあります。

家庭科免許を取得するには、①養成課程を卒業、②科目等履修生もしくは通信教育課程などで取得、③一部自治体が実施した認定講習事業で取得、などのケースがあります。

1992（平成4）年、「家庭科教員をめざす男の会」が結成されましたが、その後、約10年で休会となりました。

同会の世話人で右記②により英語科教員から家庭科へ転身した人へのインタビュー調査によれば、ジェンダーの壁を乗り越えようとした彼自身の問題は、個人の努力と周囲の理解で解決できるレベルではなく、もっと大きな社会的なレベルのものであり、男性・女性という二項対立から脱却することが必要だとの結論が示されました。また、高校の化学の教員から、県の「家庭科教員養成事業」によって一年間必要な単位を取り、翌年以降、家庭科教員を続けた人もいます。彼は、「生きるための家庭科」を授業を通じて展開してきたと振り返っています。

このテーマに関しては、生徒への意識調査、男性教諭へのインタビューなどの調査研究の結果が、すでに数多く示されています。それを見ると、男性家庭科教諭の存在は、生徒たちに「男性も調理、裁縫ができる」意識を抱かせ、男子学生に家庭科が「自分には関係ない」科目ではなく、興味を持つ科目へと転換させているようです。ただし、男性教諭自体は急増しているわけではありません。

学校基本調査は教科別の男女数が示されていません。しかし、2007（平成9）年時点で男性高校家庭科免許保持者は53人だそうです。前述のように、養護教諭とほぼ同じ程度の人数ですね。ただ、看護師や保育者のように、1万人を超える数ではありませんでした。

【参照文献】
堀内かおる2013『家庭科教育を学ぶ人のために』世界思想社
小平陽一2016『僕が家庭科教師になったわけ』太郎次郎社エディタス
小高さおみ2003「男性が家庭科教員になることに伴うアイデンティティの変容」『ジェンダー研究』9、105‐128
大竹美登利・鈴木貴子2008「都道府県の教育ジェンダー格差指数算出の試み」『東京学芸大学紀要（総合教育科学系）』59、417‐425

2 看護師

男性看護師は、准看護師を含むと約6・8万人（全体で約119万人、2010年国勢調査）います。全国各地の病院で相当数の人が働いています。もちろん、女性と比べれば圧倒的に少ないのも事実でしょう。歴史と現状について、見ていきましょう。

男性看護師は、すでに戦前から活躍していました。近代以前の看護は、近親者や使用人等に担われていましたが、明治以降、軍隊で必要とされ、日本赤十字社が1896（明治29）年、「看護人」を養成しはじめます。その少し前には、「看護婦」養成も始まり、やがて、女性の看護力が戦場の後方で活用され、看護の女性化が進み、人道的処遇が唱えられつつ、ときに暴れる患者を力で押さえる役割を期待され、救助人と呼ばれる男性が精神病院に勤務することが定着します。やがて病院看護が普及し、法整備もなされました。

1915（大正4）年、看護婦規則が制定されました。その際、男性看護職は、「男子タル看護人ニ対シテハ本令ノ規則ヲ準用ス」と附則によって対応されました。そして、名称は、「看護人」という語が用いられ続けました。

第二次世界大戦後も、男性看護職は、腕力が患者と職員の安全のために必要と見なされて、精神科で主に勤務していました。1948（昭和23）年、保健婦助産婦看護婦法が制定されたときも同様でした。「看護人」から「看護士」への名称変更は、1968（昭和43）年、同法の改正です。

しかし、1950年代以降、有効な向精神薬が開発され、腕力が期待されなくなってくると、他の部門にも配置されるようになりました。麻酔科、手術室、集中治療室（ICU）、そして一般病棟等へと職域が拡大しました。

1954（昭和29）年の施行規則改正で、男子の国家試験の科目から産婦人科学が除かれ、教育課程において同分野の実習が削除されてきました。しかし、1989（平成元）年、男女学生のカリキュラムが同一化されました。そして、男子学生にも、母性看護実習が開始されました。

看護師養成所や学校に入学する男子学生は、1990年代に急増しました。それは、看護職は女性だけの仕事ではないことが社会的に認知し、浸透してきたということでしょう。同時に、養成所や学校側が男性の受け入れを整備し、高齢化進展にともない、看護関連サービスの需要増も主な理由でしょう。

実は、「看護師」という男女同一名称になったのは、2002（平成14）年で、まだ15年ほどしか経過していません。男性看護師は病院全般でも働いているのでしょうが、それ以前の慣例として、精神科病棟・手術室・血液透析室などに男性の配属が偏向する状況も残っているようです。

看護系専門誌でも、「看護士の役割を考える」（1978年）、「パワーアップする看護士たち」（1999年）、「ぼくたちナースマン」（2007年）、「男が看護を学ぶこと」（2011年）など、しばしば男性看護師に関する特集記事が掲載されており、その浸透が確認できます。

男性看護師の課題として、偏見・労働条件・女性患者への対応が挙げられ、同時に、男性の特徴として、「何でも屋」としての役割期待、社会の認識不足、制約（養成課程・就職・ケア業務など）、存在価値の主張、男性性による優遇（医師との意思疎通やキャリア開発促進など）が、先行研究でよく挙げられています。実際に、現場でケアを断られた男性看護師もいるようですが、その一方で、男性看護師と接点をもった思春期の児童への調査によれば、男性看護師の児童への対応は効果的であることも示されています。

「女性の羞恥心を伴うケア」に関する部分での業務評価と役割期待の低さと、逆に、力仕事や機械類に強いこと、判断力などでの業務評価と役割期待の高さ、すなわち、「男性的イメージ」での認識、「専門職」としての認識が女性看護師・患者・男性看護師自身にあるようです。現場で勤務する若手からすれば、ケアの必要度が高い患者の前で、眼前のことをこなすことで精一杯な場合もあり、ベテラン男性看護師となると、ごく自然に、体格の大きな患者のケアをフォローし、女性患者で羞恥心が大きいと判断すれば女性看護師に気軽に依頼するなど、ごく自然な雰囲気で行っている人もいるようです。

患者側では身体清拭を男の仕事ではないと考える場合や、患者が必ず同性看護師を選ぶとは限らないなどの現況報告もあります。夜勤などスタッフが少ないところで、若手看護師は、排泄介助などで患者を待たせるときに若干の自己嫌悪もあるそうです。しかし、結局、女性看護師も男性患者で同様のことがあります。異性患者へのケアについては、「1つひとつのケアに対して十分な説明を行い、患者の同意を得てから行う」「異性であることを絶えず意識して配慮する」という2点を心がけたという人がいましたが、それはごく一般的な感想だと言えそうです。

女性看護師への質問紙調査によれば、男性看護師のイメージとして、「頼りになる」「力強い」「やさしい」などが挙げられ、また一緒に働いていてよかった点として「患者のケア」を挙げられます。男女共学の検討報告として、学校行事・課外活動、演習での学び合い等で男女それぞれがいることのメリットが挙げられています。

男性看護師のなかで学位取得後、介護老人保健施設の副施設長・看護部長として勤務（30歳代前半で管理職）した人もいますが、それは、リーダーシップや専門能力が女性より高いと見られていたからではないかという自己省察もあります。

このように数多くの調査の結果、「羞恥心を伴うケア」などの部分ですら、必ずしも、男性だから不利益ということでもないことが示されている一方、「男性」であるがゆえに、機械・力仕事・管理職昇進などの部分で、女性とは異なる見方を、看護業界全体でしている向きもあることが示されています。

また、病院には、看護職以外に男性職員もいます。患者の方々には、看護師個人が常に対応するというより、「チーム」として働くことも多いでしょう。したがって、その意味で、「男性」の看護職の人数が少ないとしても、少数派としての「困り感」は少ないようです。

【参照文献】

藤野彰子２００６「男性看護師のタッチの特徴とその対処方法に関する研究――男性看護師10人への面接調査による事例研究」『日本看護学会誌』15（２）：１５１-１５８

百田武司２０１１「男性看護師に期待される役割は変わったか」『看護教育』52（４）：２７９-２８３

北林司２００２「男性看護師が認識する男性であることの特異性――X県におけるインタビュー調査から」『看護学雑誌』66（11）：１０２２-１０２７

山崎裕二２０１１「男性看護職の歴史的変遷と現在――今日的課題と期待される点」『看護教育』52（４）：２６４-２６８

3 介護職

介護は、家庭内でも家庭外でもあります。家庭内で男性がどうかかわるか議論されています。人の世話と女性役割を結びつけた社会規範から、ケアワークには女性の従事者が多くいます。家政婦（労働行政管轄）は1950年代の戦争未亡人対策の一つの職業養成、家庭奉仕員（後のホームヘルパー、厚生労働行政管轄）は、寡婦対策の側面がありました。いずれ統合化が議論されています。いずれも、女性にとって経済的自立な就業分野だったことや、介護保険への制度変更が、両者を統合しつつある現況となります。

1986（昭和61）年に男女雇用機会均等法が施行されました。そして、1998（平成10）年に、社会福祉士法、介護福祉法がそれぞれ施行されました。これらの資格は国家資格となり、1989（平成元）年度から国家試験が実施されました。介護福祉士の登録者（各年度9月末、厚生労働省発表）の推移を見ると、1989（平成元）年で2631人だったのが、2013（平成25）年には118万3879人と順調に増加し、この25年の間で、100万人を突破するほどとなっています。一方、社会福祉士は1989（平成元）年で168人だったものが、2015（平成27）年には16万5494人と、10万人を大きく突破しています。

介護福祉士の2014（平成26）年の男女別合格者数は2万4466人、6万9294人であり、男女別比率を見ると、男性26%、女性74%となっています。

少し古いデータですが、2009（平成21）年度の介護職員は20・3%、訪問介護員の6・7%が男性です（女性は75・0％、88・9％他は無回答、介護労働安定センター調査）。以降、老人福祉施設で働く男性が増えてきました。それ以前は、介護職員は「寮母」と呼ばれ、主に中高年女性の職場でした。

ケアワークとしては、いま見たような、社会福祉士、介護福祉士のみならず、介護職員初任者研修者（かつてのホームヘルパー）もいます。

介護職員は、「利用者との関係」「施設の社会性の維持」「社会への影響」で、介護における男性の存在意義が示されました。ケア利用者12人への介護職員について尋ねた質問紙調査からは、身体介護や排泄介助で同性を希望する者がいたものの、全体的な感想では、介護などは「丁寧にやっていればどちらでもいい」との回答が典型でした。

現場で多くの介護職員が、職種変更をともなうキャリアアップをめざしても、適切なポストが得られにくい環境から、長期雇用を前提とし将来は管理職になることが期待される男性とそうではない女性というジェンダー格差が散見するとの実態報告もありました。

【参照文献】
石川周子２０００「男性介護職員の役割についての一考察」『介護福祉学』７（１）：78－87
岡村清子２００３「介護労働とジェンダー」『東京女子大学社会学科紀要（経済と社会）』31：１－25
矢原隆行２００７「男性ピンクカラーの社会学――ケア労働の男性化の諸相」『社会学評論』58（３）：３４３－３５６

4 保育者（保育士、幼稚園教諭）

第二次世界大戦が終わり、日本全体の復興が始まり、こどもたちもたくさん生まれました。1947（昭和22）年から49（昭和24）年にかけてのベビーブームの世代たちの動向は、その後の日本のあらゆる物を変えていきました。そして、高度経済成長期を迎える1960年代に、保育所が増設されていきました。それにともない、保育現場で働く男性も増えてきました。「保母」の名称しかなかったこの時代、1974（昭和49）年に全国男性保育者連絡会が結成され、同会は、「同一資格・同一職務・同一賃金」を求める運動を始めます。1977（昭和52）年の児童福祉法施行令改正で、「保母」資格が男性に認められます。すると、男性の「保母」資格取得者は拡大しました。そして彼らは保育職に従事できるようになりました。その一方で、男性の受験を認めない自治体もありました。

1995（平成7）年に、厚生省は、職名変更の検討を始めました。そして、1999（平成11）年には、児童福祉法施行令改正が行われ、それまでの「保母」が、「保育士」へと名称が変更されました。「保母」資格取得が男性に認められた時代から働き出した人びとは、主任などの管理・指導者側になりつつある状況を迎えました。そして、2002（平成14）年、「保育士」は国家資格となりました。保育士・幼稚園教諭の資格・免許を得られる課程を新設し、約4割が男子学生という短期大学もあったようです。

養成校を卒業した男子学生は保育士や幼稚園教諭として勤務します。ですが、保育現場の受け入れが促進されているとは言い難い状況が続き、男性保育士の勤務継続が進まないなどの指摘もあります。

男性保育者（とくに男性保育士）に関して、多くの調査研究報告があります。男性看護師と同様に、男性保育士たちのさまざまな葛藤や対応の状況が、インタビューや質問紙調査で分析されました。そして、存在意義を性役割分業意識に基づく資質や役割を超えたところに見出そうとする視点、性差ではなく「保育者としての専門性」を求める姿勢を共通軸として持っていることなども示されました。

職域分離に関して、「労働市場における男女の分断の状況とその原因、打開策」についても研究されました。そして、「男女に上下関係ができ、上下関係に即した別々の職務に従事する場合」と、「属性にかかわらず、職務の内容は従来と変わらない場合」があると整理されました。前者は、例えば、医師・看護婦、「管理は男・販売は女」というものが該当し、後者は看護師や保育者が該当するでしょう。ですが、職務内容はそうであったとしても、男性幼稚園教諭は全体の5％ですが、そのうち約3割は園長であり、逆に女性幼稚園教諭全体の0・3％が管理職という違いは、職務内容とは別の男女差とも言えるでしょう（保育士の管理職における男女比も概ね同様の比率です）。また、たしかに割合で見れば、保育士は男性の従事者は少ないのですが、実数では約1・2万人いますので（男女合算で48・2万人、2010年国勢調査）、家庭科教諭や養護教諭などの数と比べると圧倒的に多くいることも事実です（看護師や介護職と同様に）。

養成校の教育課程は男性別・女性別などということはなく、共通のプログラムで学ばれていますが、実際の保育・幼児教育の現場は、男性保育者にに対して、蛍光灯交換や雨どいの水漏れ修繕などのさまざまな作業を役割期待として持つ女性同僚や、若手男性保育士は担任を持たせず、必要クラスへの対応としているとの報告もあります。女性と比べて入職経路が多様な状況で、採用で男性であることの不利さを4割が感じていたこと、配偶者は保育関連職がきわめて多いとの報告もあります。

このようななか、「保育職」＝「女性職」という枠組みを読みかえ、「男女統合職」と考える男性保育者もいます。父親・母親代わりではなく、保育者という基本的立場に立つという人もいます。「女性のなかに男性が一人入ることにより、職場の雰囲気を変えてもらいたい」という管理職もいます。保育者全体で男性の比率が少ない原因は、社会的評価や賃金の低さ、固定的な性別分業観ばかりでなく、保育現場での人間関係上の問題が重い課題かもしれません。もちろん、そのような課題を一つひとつクリアし、保育者全体がよりよき職場環境となっていくよう、関係各位がご尽力されていると思います。男性保育士たちは、その成立前から団体を結成し活動を行ってきました。それは現在も同様であり、地域ごとに研修会を行ったり、全国大会を行ったりしています。

近年、「イクメン」という言葉が大々的に使われ、家庭での育児に注目が集まり、男性も女性も子育てしていくという方向性が目指されています。男性保育者は女性保育者とともに、子育て・子育ち支援の中核的存在として、存在意義はますます高まっていくのではないでしょうか。

【参照文献】

小崎恭弘２００５『男性保育士物語――みんなで子育てを楽しめる社会をめざして』ミネルヴァ書房

全国男性保育者連絡会１９９７『「保父」と呼ばないで――これからのゆたかな保育のために』かもがわ出版

中田奈月２００２「『男性保育者』の創出――男性の存在が職場の人間関係に及ぼす影響」『保育学研究』40（2）：8-16

田辺昌吾２０１０「保育者養成カリキュラムに関する一考察――養成カリキュラム改革および男性保育者養成に焦点をあてて」『四天王寺大学紀要』50：２３７-２４８

米谷光弘・角野雅彦２０００「保育者養成における男性保育士の位置づけ」『西南学院大学児童教育学論集』26（2）：21-71

第3章

5人の現職者による実践報告

――出身学部・校種別に

川又俊則 編

本章は、現役で働いている男性養護教諭5人にご登場いただき、それぞれの経歴を踏まえた現場実践について、出身学部や校種を明示し、具体的に見ていきます。

養護教諭は多様な校種に配置されています。こどもたちの年齢が違えば、当然、対応も変わるところがあります。例えば、小学校と高等学校で、異なる動き方をしていることは予想できますよね。こどもたちが保健室に来る様子・雰囲気も違うでしょう。

本書は、「男性養護教諭」をテーマにしていますが、当然、一括りにできないくらい、彼らそれぞれに個性があります。「男性」であるといっても、それが強調される場面ばかりではないのです。本章では、さまざまな経歴の先生を、特別支援学校・高等学校・中学校・小学校という4つの校種に分け、その出身学部時代のことや現場での実践を見ていきます。

私が彼らに行ったインタビュー調査で得られた語り、研修会での発言、講演資料、さらには個人的に発表された資料などをもとに編集したものをご覧いただき、それを加筆修正していただいたものが本章です。インタビュー現場では、彼らは全国各地にお住まいですので、それぞれの地方の言葉（いわゆる方言）で語っていました。しかし、本章は編者が表現を統一して編集しました。さらに、ご本人と相談し、場面設定等で若干の改変を加えている場合もあります。

経験年数の長い先生から順番にご紹介しています（経験年数は2015年度現在）。

❶経歴・養成校時代、❷臨時採用などの思い、❸初職時の経験、❹現勤務校の様子、❺自らの実践、❻今後の思い、という区分でまとめました。ただし、個々に思いもありますので、すべてをバランス

よく配置したのではなく、むしろ分量の偏りに個性が現れています。そして、その語りの後に一人ひとりについて、編者の視点から簡単なポイントを指摘します。

1 特別支援学校（教育系学部・14年目）

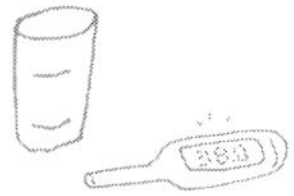

❶経歴・養成校時代

高校時代に読んだ新聞に、中学校の養護教諭の特集が組まれていました。保健室登校が増えていた時代で、保健室は生徒の心と体をケアしている場所、「学校のオアシス」だと紹介されていました。私は、保健室を利用するこどもではありませんでしたが、高校時代の挫折から回復へと辿る過程で、学校の先生や友人の存在は大きく、今度は自分がこの経験を活かしてこどものケアにあたりたい、養護教諭になりたいと思うようになりました。そこで、養護教諭養成課程のある大学を受験しました。

大学に入学直後、大学の教員から「男性は養護教諭にはなれない」と言われ、進路変更を勧められました。でも、なんとかなるだろうと楽観的な思いで、養護教諭をめざすことにしました。小学校の教育実習では出身校にお世話になり、指導教官であるベテランの養護教諭より熱心に指導していただきました。また児童と接するなかで、「がんばって夢をかなえてね。先生になってね」などの励ましの言葉もあり、養護教諭への強い思いが湧き上がったことを今でも覚えています。

大学の卒業論文では、「男性養護教諭への意識調査」として、現職の女性養護教諭に男性養護教諭についての考えを調査しました。そのなかでは、肯定的な意見もありましたが、「保健室の中で男性と一緒にいるのが耐えられない」「養護教諭は女性の仕事」などの意見もあり、厳しい現実と向き合う覚悟がいると思いました。

教員採用試験に合格後、大学の教授が養護教諭養成課程の同期生に対して、私が合格したことを伝え、加えてこのように話をしました。

「彼は、○○県で初めて男性で養護教諭になりました。つらいことや厳しいことが待ち受けているかもしれない。でも、同期であるみなさんで支えてほしい」

嬉しいやら恥ずかしいやら。

その後、養護教諭に採用されてから、研究会や研修等では女性が多数を占めることが多く、注目の的となり緊張の連続でしたが、大学の同期生や同期採用の養護教諭を中心に、男性養護教諭を受け入れてくれる輪が広がっていくとともに、その存在は普通になっていったような気がします。

❸初職時の経験

肢体不自由の養護学校が初任校でした。初出勤の数日前に学校長から手紙をいただき、そこには「初めての一歩です。勇気をもって進みましょう」との言葉がありました。職場で男性養護教諭が受け入れられるか。まさに試されるような日々の始まりです。私は、着任の挨拶で、「どうか、私を信じて下さい！」と話しました（今思えば、なんと恥ずかしい）。

保健室は、ベテランの女性養護教諭との複数配置でした。医療的ケアへの対応により、看護師が５名ほど配置されるようになりました。ケアに対する理解や教員と看護師の連携、養護教諭と看護師の役割等について、悩むこともありました。しかし、養護教諭の仕事は何なのか、保健室の機能をどのように高めていくのか、連携するためにはどうすればいいかを、学ぶことができました。

男性の養護教諭が求められた印象的な出来事がありました。先天性表皮水泡症の男子生徒が宿泊行事に参加するにあたり、生徒に対して全身の皮膚の消毒やガーゼ・包帯交換（２時間ほどかかる）が必要でした。本人は女性による処置は拒否し、前年度の宿泊行事を欠席していました。そこで、男性養護教諭である私だったらと、周囲の期待もあり本人との交渉が始まりました。何でも言い合える関係を築けたことで、本人は私による処置を受け入れて、宿泊行事に参加することができました。２人きりのあの時間は今でも忘れません。

❹ 現勤務校の様子

初任校から高等部単独の知的障害の特別支援学校に転勤して10年が経ちました。養護教諭は複数配置で、この間、同年代・新卒・ベテランという経験の異なる３人の女性養護教諭と勤務してきました。保健室の雰囲気をつくるのは、２人の養護教諭です。その関係性は生徒や教員に伝わります。保健室経営の観点からも、養護教諭同士の意見交換やコミュニケーションをとても大事にしてきました。

これまで、生徒の健康課題や生徒指導上の問題など、養護教諭としての関わりや指導について模索してきました。以下のとおり、実践内容を紹介します。

❺自らの実践

現任校では毎月の体重測定前に、養護教諭が心身の健康をテーマに20分の保健指導を行っています。生徒の興味関心をもたせるために、視覚教材やコント、歌などを駆使し、生徒参加型の指導を行っています。最も重視しているのが、気持ちの学習です。数年前に、暴れたり、授業に入れなかったり、生徒同士のトラブルがあったりと、学校全体が生徒指導に苦慮することがありました。その背景のひとつに、気持ちを上手に表現できないことがあり、保健指導で取り組むことにしました。最初は、どのように指導すればよいか悩みましたが、性問題のある生徒への個別指導において、大学の教授よりご助言いただくなかで、ヒントを見つけ、集団指導へ発展させました。気持ちとからだや経験・体験・記憶などは結びついた関係ですよね。そこに気がつくと、アイデアがあふれ出てきました。もちろん、失敗もたくさんありました。でも、養護教諭の言葉を届けたい思いは消えませんでした。

先ほども触れましたが、問題となる性行動のある生徒への指導では、関わりや個別指導等を通じて、その指導方法や指導内容を模索し、生徒の問題行動に至る背景を理解することや、担任や養護教諭などがチームを組み対応していくことや、教員自身のメンタリティの保ち方を理解することができました。また、個別指導での指導内容である気持ちの学習や境界線の理解、コミュニケーションスキル、からだの学習などは、個別指導だけでなく、集団指導としても効果のある指導です。養護教諭が先頭に立ち指導内容を学校全体に広めていくことも意識してきました。この分野においては、男性養護教諭ができることは非常に多いと感じています。

歯科保健指導では、学校歯科医と連携し、「継続的で組織的な歯科保健指導」を掲げて取り組みを進めてきました。集団指導、保健室での個別指導、歯みがきカレンダー、学校歯科医による保護者・教員への講習会などの組織的な活動を継続すること9年。この間、生徒との関わりが増えたことで、歯みがきに対する生徒の変化を直接感じることができました。また、歯をみがくとすっきりする、気持ちがいいと感じることにも意識した指導をすることで、気持ちの学習につなげることできます。このことは、大きな発見でした。

現任校の保健室経営計画の柱のひとつは、開かれた保健室をめざすことです。生徒も教員も立ち寄りやすく、相談しやすく、問題に対応できるかは、養護教諭の個性や力量が反映されます。その中で、男性養護教諭ならではといったら語弊があるかもしれませんが次のような工夫をしています。テレビやアニメ、ゲームのキャラクターやプラモデルなど、男子生徒の趣味や興味にあうおもちゃを置いておくことです。また、キャッチボール用のグラブやボール、サッカーボールもあります。保健室が落ち着いていれば外で遊ぶこともあります。

そして、私にとって自分を象徴するものを置いています。それはギターです。

高校時代に趣味ではじめたギター。肢体不自由校に勤務していたとき、保健室に遊びにきていた生徒が「ギターを弾いてみたい」と言ったことをきっかけに、ギターを教えるようになりました。そして、私がギターを弾けることを知った教師から、校内行事で演奏を依頼され、弾き語りをしました。下手な演奏でしたが、教師が録音したものを保護者に渡していたようで、ある日、その保護者から「毎日寝る前にこどもが聴いています。お気に入りです」と言われました。嬉しかった。俄然やる気になった私は、歯みがきや手洗いソングを自作し、給食時間に流しのようにクラスを回って歌いにいきました。喜んでくれる児童生徒の様子に、ますます嬉しくなりました。現任校では、保健指導の際に保健指導用の自作曲を弾き語りをしたことから、生徒がギターに興味をもつようになり、ギターを学習する授業や放課後のクラブ活動の立ち上げにつながっていきました。また、教員バンドをつくり、生徒の「あこがれ」の存在をめざして、歌っています。

最後に、保健室からの発信するものといえば、「ほけんだより」です。健康情報や行事予定などを伝えるものですが、私は「ほけんだより」に力を入れています。まず、掲載している内容ですが、保健指導内容や保健室での生徒の様子などを保護者に詳しくお伝えしています。掲載内容が多いため、A3用紙両面印刷の全4ページ構成となっています。夏冬休み前は、全8ページです。今のところ保護者から読みづらいとの声は聞こえてきません。これからも養護教諭の言葉、思いを発信していきたいと思います。

❻今後の思い

今の自分に何ができるか。自分は何がしたいか。養護教諭として、これらのことを考えながら生徒への関わりや実践に結びつけています。当然、年を重ねることで、自分のキャリアや私生活は変わっていきます。兄のような、先輩のような、父のような、おじさんのような、男のさまざまな面を生徒に見せることができます。女性だけの保健室にはできないことです。

ですが、養護教諭の歴史を築きあげたのは、まぎれもなく女性であり、女性養護教諭だけの保健室を否定するわけにはいきません。そこで、女性だろうが男性であろうが、養護教諭として、何がしたいか、何ができるか、何を求められているかを考えることが大事ではないでしょうか。そして、その考えに基づき、保健室経営・実践につなげる。自分というフィルターから発信されるわけで、自分らしさという個性。その個性は、ひとつではなく、自分が経験・体験したことや、人とふれあうことで、その数だけ創造されていく「新しい自分」といったところでしょうか。

だから、おもしろい。これまでの過去の「新しい自分」と未来に出会う「新しい自分」。そして、忘れていく「自分」もあるかもしれません。でも、出会ってきた生徒や関係した方々が覚えてくれていた「自分」に、また出会うことがあれば、それはなんと愉快なことでしょうか。実際に卒業生が遊ぶにくると、あの時の忘れた「自分」まで教えてくれます。だから、私も、生徒や関係した方々との出来事を少しでも記憶し、そのときのあなたの「自分」を伝えることができればと思っています。

でも、このまま、養護教諭を続けるのか。今の自分に向き合う試練が、続きます。できるかな〜。不安です。

肢体不自由および知的障害という異なる特別支援学校を経験した人です。教育系学部出身の先生らしく、保健学習・保健指導に積極的に関わり、そのアプローチに工夫が見られます。ギターを用いた方法はとても魅力的ですね。歯みがきソング、手洗いソングも聴いてみたいです。全体指導とは別に、個別の対応で、女性の先生を拒否する男子生徒について、それまで関係を深めてきたことで対応ができたという例も興味深いです。

2　高等学校（教育系学部・11年目）

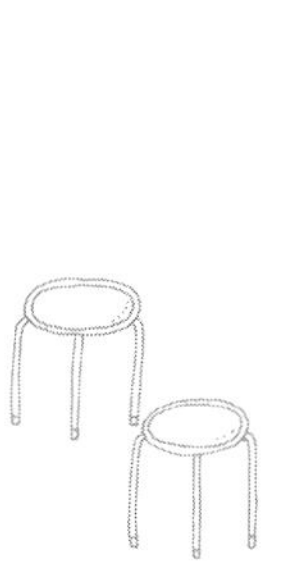

❶経歴・養成校時代

私は、小さい頃は病弱で、保健室に行っては母親に迎えに来てもらうような小学校時代を過ごしていました。それもあって親はスイミングスクールに通わせ、自分もだんだん水泳が好きになり、小学校の高学年には、日曜日以外は毎日通うほどでした。すっかり、身体も丈夫になり、体調を崩すこともなくなりました。

その後、中学、そして高校に進学しました。やがて、スイミングスクールも辞め、運動をせずに、だらだらと過ごすようになってしまいました。そうすると、また、体調が悪くなってきました。そこで、改めて、高校の水泳部に入り、そうなると、体調は戻ってきました。そういう経験もあったので、「健康と運動」の関係について、自分なりに考えるようになっていました。

大学や学部の選択の時期に、いろいろな進路を考えていましたが、「運動を通じて、自分の健康はもとより、人びとの健康を支援できる職業」を目指したいと思うようになりました。そこで、体育学部を志し、無事に合格し、保健体育の教師を目指しました。

家から離れた大学だったので、家を出て、一人暮らしをしながら、体操部に専心していました。そして、一人暮らしの経験から、健康は運動だけではなく、他のさまざまな要因もあることに、改めて気づきました。食事、環境衛生、睡眠、家族や友人などの人間関係、それらの要素が絡み合って、うまくいってこそ、健康な生活がおくれるのだと実感したのです。そこで、そういうトータルな支援をできる仕事はないかと考えました。

ちょうど大学の授業で「学校保健」も学び、養護教諭の存在を明確に意識しました。保健室を「心のオアシス」と呼ぶ言い方も知りました。保健室登校の生徒の話、保健便りを使った保健指導など、保健室の仕事内容を知り、学校にいる人びとの健康を総合的に管理しているのが養護教諭だと知り、「これだ」と思って、養護教諭になることを決めました。

所属学部で養護教諭の養成はしておらず、いろいろ調べて、卒業後に他大学へ編入しました。さらに家から遠くなったのですが、目標を決めていたので苦にはなりませんでした。そこを卒業して、免許を得ました。公立の教員採用試験には通りませんでしたが、卒業後、私立学校での複数配置での採用が決まり、そこでの経験を踏まえ、大規模校の私立学校での話をいただき、現在の勤務校に就いています。

❸初職時の経験

最初に勤務した学校は、高校の私立学校でした。養護教諭として、保健室の担当でしたが、2年目に「体育」の担当もしてくれということでした。もちろん「保健体育」の免許も持っているので担当可能です。引き受けました。

でも、科目の「体育」をやるときの指導って、どうしても厳しくなってしまいます。そうした後に、保健室に来て対応できるかということです。1年やってみて、私自身の切り替えも難しく、厳しい指導した後で、その生徒が、私がいる保健室に、本当は来たいのに、来づらい部分もあると思うんです。そういうことを考えると、無理なんじゃないかなと思ってきました。

このまま続けることはできないと悩んでいたところ、現在の勤務校が、養護教諭を新たに募集していました。応募し採用され、なんとかうまく移れたのです。複数配置でしたから、一緒に配置されているベテランの先生方がいろいろ指導してくださいました。男子生徒が多い学校で、ちょうど、保健主事の先生は、男性養護教諭を求めていたみたいです。

自分のように私学で働いていると、ほぼ定年まで同じ学校での勤務となります。男性養護教諭友の会では、自分以外に数名の方が私立学校勤務ですが、異動が頻繁にある公立学校の先生方とは、別のメリット・デメリットもあるのだと思います。

❹現勤務校の様子

現在は、中学校・高校合せて約2200人の生徒が在籍している私立学校に勤務しています。経験豊富な2人の女性の養護教諭と私の３人の複数配置となっています。３人いるので、月ごとに、スポーツ振興センターの申請・給付、器具消毒、保健だより作成、病院受診などを当番制にしています。

進学校なのですが、全国大会に出場する部活動もあって、生徒たちのケガも絶えません。また、休み時間の遊びも、体育の時間も全力で取り組んでいるようで、すりむいたり、ひねったりして保健室に来る子たちも多いです。一日に複数回、生徒を病院に連れて行くこともあります。外に出て病院受診の間に、もう一人の生徒がやってきて、病院へ行き、受診させないといけないなどということもあります。そういうときは、当たり前ですが、当番制ではなく、臨機応変に対応しています。

生徒対応に関しては、その都度、気づいた養護教諭が対応するようにしています。保健室によくやってくる常連さんは、何となくお気に入りの養護教諭がいるので、そちらに寄って行きます。もちろん、生徒対応に関する情報交換は3人、あるいは担任教諭を交えてしています。

今までの経験のなかで、自らが男性だと強く意識させられたのは、女子生徒がナプキンを借りにきて、話しづらそうにしていたときです。そのときは、ナプキンの置いてある場所を指示して持って行ってもらうようにしています。でも、平気で「貸してください」と私に訴える子もいます。逆に、男子生徒が股間を打って、女性の養護教諭に話しづらそうにしている場面もあります。そんな場面を考えると、男性女性というメリット・デメリットは、フィフティ・フィフティ（50：50）なのかなと思っています。

❺自らの実践

私は養護教諭ですが、バドミントン同好会という運動部の顧問もしています。

現在の勤務校は、いわゆる進学校ですから、運動部と学業との両立はたいへんで、中学校から高校に進学するときに、運動系部活動への入部生徒は、中学時と比べて激減します。もちろん、運動が好きな生徒はたくさんいるし、そんな子たちは、昼休みにグラウンドや体育館で身体を動かしてもいます。その様子を見ているうちに、毎日ではなくてもいいので、学業と両立できることはできないかと思い、同好会活動がその選択肢となると思いました。

健康維持、そしてその増進には、運動が大事です。競技スポーツということではなく、余暇スポーツとして、生徒たちには、運動と生涯かかわっていけるようになってほしいと思っています。

自分も編入した大学でバドミントンをやっていましたし、バドミントンをやりたいという生徒たちからの依頼を受けて、バドミントン同好会を立ち上げ、その顧問になりました。週1~2回の活動です。20~30人の生徒が集まって、2面のコートを使って活動しています。希望者は公式戦にも出場しています。長期の休日には練習時間も設けて、試合に備えさせます。私自身も、練習には出向いて、顧問として生徒たちの指導にあたっています。複数配置で他の先生が保健室にいてもらえるので、その部分は助かっています。部活動としてやっている学校に勝つことはたいへん難しいことだと、選手たちも私も分かっていますが、それでも、目標をもって、そこをめざして必死に取り組むことは、心の健康にもいい影響を与えていると思っています。

さっきの話と重なりますが、部活動の顧問と保健室の先生の両立も難しい部分もあるかもしれません。ただ、バドミントンの同好会にいる子たちは、いわゆる保健室に来る常連さんたちではないので、やりにくさはあまり感じていません。

❻今後の思い

男性養護教諭友の会の活動を通じ、私と同じような立場で働く人びとと話す機会が増えました。そうすると、私と同じように、彼らも「男性だから難しいなどとは感じていない」ことを確認できました。養護教諭という職務は、性別で違いがあるという仕事ではないという結論です。

ですが、実際に男性養護教諭の数は少なく、「保健室の先生は女性」という固定観念が、現職者の方々にも、一般教員にも、世間にもあることを、いろいろな場面で感じます。「男性はなれない」ものだと思い込んでいる人もいます。

母校の後輩や、知り合いを通じて、養護教諭を志望する男子学生で、私に会いに来る人もいるのですが、そういう人たちには「男性でも活躍できるとてもいい仕事」だと言っています。現に私のように働いている人は全国にいるのです。

少しでも多くの人びとの私たちの存在を知ってもらい、男性も女性も活躍できる職種だとして、多くの人びとに養護教諭を目指してもらいたいです。

彼のように部活動や同好会活動の顧問をする男性養護教諭は少なくありません。とくに運動部などの対応ができることは放課後の児童生徒の様子を理解する意味で役立ちます。一方で、彼自身が述べているように、顧問の顔と保健室の先生の顔の使い分けが難しいということを、私も初めて知りました。本書で取り上げる事例のほとんどは公立学校の方々なので、彼のように長く同じ学校に勤務しつづける場合もあるということで、今後も継続的にお話を伺っていきたいです。

3　中学校（教育系学部＋通信制・3年目＋講師5年）

❶経歴・養成校時代

「さまざまな人と出会えるから」と、大学では教員養成系の学部に入り、国語の免許取得をめざしました。同時に、野外活動サークルにも入っていました。月一度、地元の小学生とさまざまな活動を行っていたのですが、年齢を超え、こどもたちと目線を同じくして活動を楽しみ、成長を分かち合うことにとても魅力を感じました。教育実習は中学校で。そこで迷いが生じました。自分自身学生時代はそれほど充実していたとは言えません。そんな自分が学級や教科の担任になんてなれるのだろうか、という思いです。

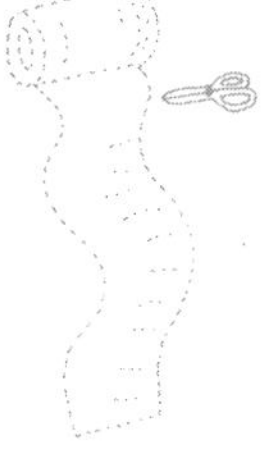

ただ、実習先に不登校生のための別室があって、そこにいらっしゃった先生（「メンタルフレンド」という不登校支援のための臨時職員）の生徒さんへの関わり方に、学生時代のサークル活動に通じるものを感じ、「この仕事なら自分もできるかも」と、大学卒業後は、（形の上では）国語教員の採用試験を受けながら、メンタルフレンドとして４年間、地元の中学校で働きました。

働くうちに、不登校の未然防止の観点から、相談員として保健室に常駐するようになりました。そこで初めて「養護教諭の仕事」に接したんです。保健室にやってくるこどもたちの表情や雰囲気から、育ちの背景や心の機微を総合的にみて、その子が抱える不安や課題の解消を支援していく。当時お世話になった養護の先生のこどもへの関わり方を間近で見て、「カッコいい仕事だなあ」と、憧れを抱くようになりました。そうは言っても「養護教諭＝女性の職業」という固定観念は自分自身も持っており、「いや、男には無理でしょ」そう思っていました。

ある日、男子生徒が「先生！　保健の先生だよね？　バスケで突き指したから診て欲しいんだけど」と自分のところにやってきました。「ああ、男でも保健室にいる先生＝保健の先生だと思ってくれるんだな」。自分のなかの固定観念が消えた瞬間です。

さらに当時の養護教諭の先生にも相談してみたところ、「なりたいならなってみれば？　素質はあると思うよ。別に男でも大丈夫でしょう」とのこと。当時、教員をめざす友人には、小学校免許を取得して小学校教諭へ方向転換する子が多く、先行きの不安はありましたが、「なってみたい」という気持ちのほうが強く、メンタルフレンド４年勤務のうち、後半２年で養護教諭免許を通信制の大学で取得しました。

❷臨時採用などの思い

僕は「これはいけるな」という思いを現場で感じてからこの道に入ったので、もしかしたら、他の方々のようなしんどさは少なかったかもしれません。

しかし、養護教諭の免許が取れたら臨時採用で働きたいと思って、メンタルフレンドを退職したのですが、非常勤講師の仕事は全くありませんでした。もし、国語の教員だったら、講師登録さえしておけば、いくらかは連絡があるのが普通でしょうけど、養護教諭の講師については、自分のところには連絡が全くありませんでした。

僕の場合、臨時採用の話は、教育委員会から直接ということはほとんどなく、知り合いの養護教諭の先生に動いていただいたり、校長先生に動いていただいたりというケースばかりでした。人づての力は本当に大きかったです。いい先生がつないでくれても、つながった先で「やっぱり男は……」っていうのもありました。学生さんや、臨時採用を希望する方にはそういう部分で女性とは違いがあることも知っておいてほしいです。

僕は最初、メンタルフレンドという形で学校現場に入っています。また、「介助員」という形で入って、その後、養護助教諭として働いている人もいます。そんなふうに、当初から養護教諭の形で現場に入って違和感を持たれるよりは、足がかりとして現場の先生方に、先に人柄や働き方を見てもらって、こちらの希望や考えを理解してもらうというほうがより受け入れやすいのかもしれません。

ようやく採用試験に合格できて、正規採用になりましたけど、その前の年はけっこう大変でした。もともと、臨時採用って次があるかわからない不安があるじゃないですか。おまけに２次試験を２回連続で落ちたときで、秋で勤務も途切れるし、「今年で最後かな」って考えてました。どうにもならない気持ちをなんとかしようと思ってＳＮＳで自己紹介したら、後に男性養護教諭友の会の会長となった篠田大輔先生が「飲みに行こうよ」って誘ってくれて、会いに行ったんです。そこからつながりができて、男性養護教諭として活躍している先輩方がたくさんいらっしゃることが分かって、それは精神的に大きな支えになりました。

❸初職時の経験

自分が恵まれていると思ったのは、最初にお世話になったベテランの先生が、性差について何の偏見ももたない方だったということです。そればかりか、「男性だからこそ保健室で活躍できる道があるんじゃないか」ということを僕よりもたくさん考えてくださる方でした。だからなのか、これまで養護教諭初心者としての悩みやつまずきはありましたが、普段の職務の中で、「（男性ゆえに）困った」という印象はあまりありません。

初対面の生徒で、しかも異性だった場合、用件をはっきり僕に言えないことがあっても、それって普通のことですよね。複数配置のペアが不在のとき、そういう子が来たら、「今、（女性の）○○先生いないんだけど、僕でもいい？」とこどもの不安に先回りして対応するよう心がけています。

もちろん女子生徒の保護者のなかには、月経など女性の思春期のことは僕では話しにくいという方もいらっしゃるかもしれません。一方で男子生徒のお母さんからは、家で自分のことを話さなくなった息子の反抗期についての悩みなんかをよく伺っている気がします。

ただ、「えっ」と思うこともありました。教育委員会の方々が視察に来たことがあって、そのときの校長先生が「うちの保健室は男女でやっています」って紹介したんです。そしたら委員会の方の一人が、僕の目の前で校長先生に「保護者から文句出ないの？」と。校長先生は一言「いいえ、全く」。素朴な疑問なのかもしれませんが、外部からはまだまだそういう印象をもたれているんだなと思わされました。

今となっては慣れましたけど、やっぱり「知らない」人にとってはそういう思いを抱く方が一般的なんだなって。でも、日常の仕事ぶりを知ってもらうと、違和感は解消されていく方がほとんどです。小学校の臨時採用の時も、一般の先生から、「最初は『えー（保健の先生が）男⁉』って心配したけど、でも一緒に仕事していて『あ、普通なんだ』って思った」って後で言ってもらったりしました。やはりマイノリティな立場。自分のような存在を今まで知らなかった人が否定的・懐疑的になっても、それはそれで「普通のこと」なんだろうなと思うようにしています。だからこそ、これからめざす方には、そういう環境であることを分かっていて「自分（の個性）を出す」準備しておく心構えをもっておかれたほうがいいですね。見て、知ってもらって、「実は養護教諭志望なんです」って言うのと、最初から「養護教諭です」で入るのでは、周りとの間の壁の高さは違ってくると思うので。

❹現勤務校の様子

中学校で働き出した頃は、中学校の先生としてふるまわなければ、という思いのほうが強かったです。やはり「〝男性〟だからこそ期待されている部分を発揮しないと」という考えに無意識にとらわれていたんでしょうね。でも年々、経験を積むなかで、「個に寄り添い続けられることこそが養護教諭の強み」だと感じるようになってきました。だから最近は余計な力も抜け、こどもに対しても、穏やかな雰囲気や会話のなかで、こどもの〝芯の部分〟に通じることはないかなと思いながら接しています。

家庭環境や発達の個性、小学校での経験など、育ち方は人それぞれ。悩みや困り感、またその解決方法も人それぞれです。うちのこどもたちは保健室に課題解決を求めるとき、今の自分の課題解決に適しているのは（複数の僕らのうち）どちらかを選択しているように思います。こどもたちはこちらの性別ではなく、キャラクターをみて関わりを作ってくれていることが２人で働いているとよくわかりますね。

❺自らの実践

これまで10年ぐらいの社会人経験のうち、ほとんどを中学校で過ごしましたが、１年だけ、臨時採用で小学校にいたことがあります。小学校の先生方とご一緒して、こどもに対する丁寧で行き届いた視点、華やかで暖かな雰囲気の学校環境づくりなど、中学校にも取り入れたい実践がたくさんあるなということを肌で感じました。

中学校に戻ってきて、特に力を入れたいなと思っているのは掲示。「目で見る学び」とでも言うのかなあ。ほら、中学校ってよく「人の話は目で聞くんだぞ」っていう指導するじゃないですか。もちろんそれは大人社会には必要で、今のうちに訓練しておくべきことだと思います。でも、どうにもそれが苦手な子、いますよね。で、今の子は特にメディアから情報を得る機会が多い。「メディア漬け」なんて言葉を耳にしますけど、それは提供する側に問題があるのであって、こどもたちの視覚からの情報収集力そのものはすごく優れているんじゃないかなあ。だからこちらが良い情報発信源になることで、こどもたちにとって親しみやすく、自然な学びにつながるようになればと思っています。

保健室前の掲示物がそうですね。特にうちは大規模校で、どうしてもこどもたち一人ひとりに手が届きにくい。だから全体指導の場を大切にして、特別支援で言う「視覚的支援」じゃないけど、体育大会前は、保体委員長さんをモデルにして保健指導してみたり、男性養護教諭の先輩の実践を参考に、生徒会の子たちと安全啓発ドラマを作って、文化発表会で上映したりしています。

❻今後の思い

「保健の先生は男女ともいる」中学校に馴染んだこどもたちのなかには、「オレも保健の先生になろうかな」と言う男の子や、「将来のダンナは保健の先生がいいな」と言う女の子もいます。

小学校勤務のとき、自然学校（学外研修）前に5年生に性の健康教育をペアの先生としたんです。初めは全体で。その後女子だけ残して、「女の子だけの秘密の授業」ってことで月経時の手当ての指導、よくありますよね。僕はそのとき男子も別の部屋に移して「男の子だけの秘密の授業」をしたんです。内容は精通のこと、カッコイイ大人になるために必要なマナーなど。そしたら感想に「男女とも、大人になるために乗り越えなきゃならないことがあるんだと思った。お互いの秘密を大切にしたい」なんて感想文を書いてくれた子がいました。

男女が真に平等で、お互い偏見をもたずに理解し尊重し合える。それは性の多様性を認め合える、誰もが生きやすい社会につながっていくように思えます。そんな社会になるきっかけに自分の存在がわずかでも役に立っていたら、嬉しいですね。

他教科の免許を持っている人が養護教諭をめざすという珍しいパターンです。複数の免許を取得する場合、教員採用試験の段階で、例えば小学校教諭に転ずる例は、私もよく伺っています。メンタル・フレンドなど相談業務などで、こどもたちと接点を持ち、経験を積んでいたというのも、養護教諭への意欲と同時に、洞察を深めたということが理解できます。

4 小学校（学際系〈福祉系〉学部＋大学院・7年目）

❶経歴・養成校時代

私は、小学校時代、身体が弱くて保健室によく行く子でした。その後、高校生時代にいじめにあい、保健室の先生には、一番つらい思いをしたときに支えていただきました。その先生とのかかわりのなかで、自分も、このように、こどもたちを支えるような仕事をしてみたいと思いました。それで進学したのが、福祉関係の大学です。養護教諭をめざしていたのは、50名の学科のなかで3人だけ。もちろん、男性はいませんでした。保育士をめざしている男性が2人でした。

採用試験は男女関係ないと思い、養護教諭を目指している3人で自主的にやりました。3年の後期からですね。学部4年生のときに一次試験は合格しました。でも、二次の面接が全然、ダメでした。他の受験生には、個人面接でいろいろ長く聞いていた面接官が、私に対しては、ほんのわずかで終わり、「まったく採用する気ないな」って感じだったんです。こうして、試験に落ちたとき、やっぱり、「男性は無理なのか……」と諦めようとも思ったんです。

でも、よくよく考えると、目標をあきらめて一般企業に行くのも嫌だったので、悩んで悩んで、結局、看護師になるか大学院進学というのを考えました。今の状態では、結局いつまでも合格できない

のではないかと思い、自分なりの特徴を持ちたいと思ったんです。そして、両方の試験、看護専門学校と大学院を受けたら両方受かりました。大学院の試験のとき、男性の合格者を指導された方がその大学にはいらっしゃるとわかって、その大学院に進みました（でも、私が入学したとき、その先生は退官されていました……）。

❷臨時採用などの思い

学部で免許を取得していたこともあって、大学院在籍時も講師登録していました。すると、病欠の先生の補充ということで、３か月だけ隣県の公立小学校で10月から勤めることができました。それも、小学校の単数配置です。そこでは、養護教諭がずっと休んでいて、久しぶりに保健室を開いたという感じでした。珍しさ半分で、こどもたちもたくさん来てくれました。担任の先生たちにもすごく恵まれて、初めてだったのですが、とてもいい経験になりました。

しかし、教員採用試験には大学院在籍中、２度とも落ちました。修士課程を修了した後、１年間、私立幼稚園で養護教諭として勤務することになりました。そこでは、養護教諭として健康診断やケガとか病気の応急処置なども経験することができました。しかし、養護教諭の仕事というものより、むしろ、他の仕事として事務的なことが中心でした。６００人もいる幼稚園だったので、ケガとか病気とかのときは、コーナーを作って救急処置の対応をし、それ以外は、事務職員の仕事をしていました。でも、その経験は、その年に受けた二次試験の面接などのときにとても大きかったと思います。

❸初職時の経験

そしてついに、教員採用試験に合格し、１０００人を超す大規模校に着任しました。小学校で複数配置です。小学校教諭としての新採用の同期もいるのでとても心強かったです。一緒に働く養護教諭の先生とは、課題を話し合って、児童に対しては男女別の対応ではなく、男女一貫した教育というものをしています。

小学5年生で、林間学校という宿泊行事がありますよね。その引率で、相方のベテランが行くか僕が行くかという話で、担任団からは「男性で行けるのか」という声もあったんです。でも、相方の先生は「行けるよ」って言ってくれて、僕が行ったんです。その保護者説明会があったとき、「僕が行きます」と説明したんですけど、後日、一人の女子の保護者から担任の先生へ、連絡帳か何かで、「男性ですけど大丈夫なんですか」っていうのがありました。でも、それに対して、担任の先生は、「引率者で担任以外の女性の先生も行くので、そのへんは大丈夫です」って答えてくれて、それ以降は特に何もなかったです。私の勤務経験では、後にも先にも、保護者から「男性」で不安を言われたのは、それだけです。

最初の着任校で7年目を迎えますが、現在まで5人目のペアと組んでいます。最初の相方は、ベテランのバリバリの先生でした。現在の自分の基礎を築いてくれたと思っています。一番学んだのは、救急処置です。大学の勉強だけでは、ほとんどわからないと思っていました。だから、複数配置としてベテランの方と組めたのは、本当に大きかったですね。さっき述べたように、自分も、多少の講師経験はありましたが、大規模校で、次から次にこどもたちがやってきて、また、校内でいろいろなことが起こるような現場では、やることは違います。

❹現勤務校の様子

体重測定は、今の学校では各学期のはじめ、年３回しています。始める前に、15分くらいの保健指導をしています。それから、５年生には年に１回だけ性教育を１時間しています。林間宿泊前事前指導という形で、養護教諭が授業をする形でやっています。

この健康指導については、毎年、研究を重ねてやっています。いまは、男女で分けて、男子は僕が教えて、女子は相方という形でしています。ちょっと時代に逆行している感じですけど、勤務校の状況を考えると、この形がいいって思っています。

自分も経験していますが、小学高学年の男子って、やっぱり、性教育は真面目に聞かないという感じじゃないですか。それで、赴任1年目のときは、前半は男子・女子一緒にやって、後半は男女に分かれてと、相方の先生が決めてやっていたんです。でも、男子はビデオを付けても見ないし、茶化すし……。これは、全然ダメだなと思いました。

養護教諭として、年間いくつもの研修がありますが、性教育関連の研修とか出ていると、男子のほうが課題が大きいだろうと自分なりに理解したんです。そこで、２年目からは、相方の先生と相談して、男女を最初から分けて、男子は男子の深い突っ込んだ話を、自分が面白おかしくやろうと思ってチャレンジしてみました。そうすると、やっぱり寝ないし、食いつく子も多いんですよね。授業の後に、いろいろ質問してくる子もいて、こどもたちの反応は、自分のなかで手ごたえがあったんです。そこが一番、男性養護教諭の見せどころかなと、自分自身は思っているんです。

この点で、自分が心がけていることとは次の通りです。まず、男子の身体についてしっかり教えることです。一般に、女子の二次性徴の話が多いと思いますが、当然男子の変化についても伝えたいと思います。また、男性による性犯罪の多さとその原因について、自分なりに説明しています。女性の身体のことを話すとき、真面目に聞く子は「エロい」と揶揄するような風潮もあります。だから、周りの目を気にして、うつぶせになってしまう。「性教育ビデオ」を見るのは、女子更衣室をのぞくのと一緒という感覚・意識があるように思わせてしまってはまずいので、男子の身体も女子の身体も変化してそれを学ぶことが大切だということを伝えます。

そして、身近な大人の男性像となれるように、自らの体験談なども交えて楽しくということはとくに心がけています。自分も悩んだし、誰にも聞けずに友人は悩んで病院まで行ったんだと言って、もし悩みがあったら、保健室にいつでも相談に来ていいんだということを、分かってもらいます。

「男子と女子ではからだのつくりが違うことがわかった」「精通のこと、初めて聞いたのでこわかった」「精通でねばっとした液体が出て来るのは嫌だけど、男はみんな出るし、女子はもっと大変だから頑張ろうと思えた」「女子が月経のときに痛みを感じることにびっくりした」

これは、やってよかったなって自分は思っているんです。こどもたちの性教育についての感想を読むたびに、さらにいい教育をしたいという思いになります。

❺自らの実践

自分自身、修士論文を書くときに、男性養護教諭をテーマにして調査しました。公立高校３校の１、２年生８０１人（男子３０３人、女子４９７人）に対する質問紙による意識調査でした。配置希望は「男性１人」が男子5人、女子1人、「女性１人」が男子23人、女子１２３人、「男子女性両方」が男子94人、女子２７９人、「どちらでもよい」が男子１６８人、女子94人でした。女子は「男女両方」、男子は「どちらでもよい」が過半数を占めていました。これを見ても、必ずしも女子が男性養護教諭を拒絶しているわけではないとわかります。

実際に勤務してみて、性別に関係なく、自分自身、養護教諭としてのスキルアップが一番の課題だと思っています。

今後、女子の対応については、まだまだ経験不足な部分もあり、丁寧に対応ながら、もっと自信を持ってできるようになりたいと思っています。

男性養護教諭と「男子児童生徒への性教育」は、注目されるポイントの一つでしょう。自らの悩みを他へなかなか相談できない男子児童生徒に対し、相談窓口として適切な応答が可能な男性養護教諭の存在意義はとても大きいのではないでしょうか。また、大学院で学んでから現場に出たという特徴があります。学部で学んだことを踏まえ、さらに自分なりの調査研究、教育学的学びを2年間加えてから養護教諭として着任されました。教職全般に大学院での学びが推奨されている昨今、すでにこのような男性養護教諭もいるのです。

5 特別支援学校（体育系学部・4年目）

❶ 経歴・養成校時代

大学の学科は救急救命士の養成課程で、卒業後は多くの人が消防署に勤めています。心肺蘇生法を始め、救急処置やライフセービングの授業もあり、水難救助なども勉強しました。大学に入学する段階では、健康・身体に関心を持っていましたが、教員免許は1年生のうちに、体育の先生か養護教諭かどちらかの選択で、救急救命士の資格を最大限に活かせる養護教諭にチャレンジしたいとの思いになりました。

自分たちの学科では、養護教諭免許取得を25人くらいが目指し、そのうち男性は5人程度でした。男性で教員採用試験にチャレンジしたのはおそらく私だけです。私は、消防署の勤務や一般企業への就職は考えておらず、養護教諭の勉強だけに専念していました。周りが就職を決めていく中で、取り残されていく感じもありましたが、採用試験で「この人を落とすともったいない」くらいに評価されないといけない、必ず1度で合格するという思いで必死に勉強に励みました。面接練習で「なぜ男性で養護教諭になりたいのか？」という問いを想定し、自分の気持ちを整理すると、なりたい気持ちがより一層強くなりました。

結果、ありがたいことに現役合格することができました。同じ大学で現役合格したのは5、6人ぐらいです。男性は私1人、女性は東京、栃木、埼玉、大阪などで受かり、それ以外に産休代替などで講師として、3、4人働いていたことを覚えています。

教育実習先の学校で、知的障害のある子の介助員や、地域のプール指導員もやっていました。そこには肢体不自由の子も来ていました。障害名や医学的知識などわからなかったのですが、その子とコミュニケーションをとることはできていたので、そういう部分では、特別支援学校勤務が決まったときも、とくに恐れることなく着任できました。このように、学生時代にこどもと接してきた時間が、採用試験で大きな武器となりました。

❸初職時の経験

初任校は知的障害特別支援学校でした。初出勤の数日前、保健室に挨拶に行きました。ベテランの先生が一言、「男性なのに、よく養護教諭になったわね」。良い意味なのか、悪い意味なのか、わかりませんでしたが、「私はあと一年しかいないから、一年間で全て引き継ぐつもりでいなさいよ」と、ご指導いただきました。

特別支援学校なので、さまざまな障害のある児童生徒が通っています。てんかん発作や、思いもよらない事故（顔に石を投げられて切る、歯を床に打って脱臼、熱中症など）も多く経験しました。自分で訴えることができない子もいますが、そのときは、救急救命士の勉強で学んだ全身観察の手技が非常に役立ちました。このような自分の教育の背景もあって特別支援学校に採用されたのだと自負し、一人前の養護教諭になることと自分の特徴を活かしていこうという自信になりました。

一方で、初任校で力を入れていた活動に摂食指導がありました。摂食指導は、よく噛めない子や口が開いてしまうなど食に関する問題について、小学校1年生を対象に給食の様子を事前にビデオを撮り、専門の大学教授に評価してもらう指導です。後日、実際に現場を見ていただき、保護者に「この子は口が小さいから食べさせ方として、コップで水を飲ませるより、レンゲですくって飲ませたほうが、唇が使えてうまく飲めるようになりますよ」などの指導をします。肢体不自由の学校でしているところは多いですが、知的障害の学校では、決して多く行われていません。一年に一回でも特色ある活動でした。普通食を丸のみし、体重が増えていた子が、食形態を落とすことで体重増加を防げたり、口周りの過敏がとれて好き嫌いがなくなったりしました。

自分にとっては全くの専門外の分野でしたが、各学校の健康課題を見つけ、改善の手段を設定し、問題を解決していくのが養護教諭の仕事だと学びました。

❹現勤務校の様子

現在は、知的障害教育部門と肢体不自由教育部門の併置されている学校に勤務しています。両部門とも小・中・高と3学部あるので、6つの学校がまとまっているような学校ですが、保健室は1つです。業務は大変ですが、さまざまな児童生徒と出会うことができ、障害の程度やその子によって、必要とされる支援が異なり、学ぶことが多いことはありがたいことだと感じています。

特別支援学校は教員の数も多いので、お互いに連携することがカギになります。たくさんの教員とすれ違う中での一言二言が、重要な情報だったりします。保健室は全教職員とつながりがあるので、全体の潤滑油のような働きを意識しています。直接話すことができなければ机にメモを貼って、後日「あのメモの事だけど……」と話すきっかけを作ります。でも、これが多少できるようになったのは、周りが少しずつ見え始めた、勤務3年目以降だと思います。

女子児童生徒への対応は、女性の先生の協力を得ることで、特段大きな問題はありません。ただし、特別支援学校では、自分で訴えることができない子もいるので、密室にしないようにしたり、表情や仕草で気持ちを汲み取ったりということに気をつけています。学校には男子が多いので、私でも活躍できる場面はたくさんあります。男女どちらが優れているのかと考えるのではなく、男性・女性という選択肢があることが良いことなのだと感じています。また、生徒に対して、父親以外の、男性像のロールモデルとして良い手本になると言っていただいたこともあり、そんな意義もあるのかと新しい発見もありました。

また、私は、サッカーの指導に携わり、知的障がい者サッカー日本代表コーチとして世界大会に帯同しました。これは「もう一つのワールドカップ」と呼ばれ、ＦＩＦＡワールドカップの後に、同じ場所で開催されます。私は、２０１０年の南アフリカ、２０１４年のブラジル大会に行ってきました。

障がいがあるとは思えないほど、身体と気持ちがぶつかりあい、世界と闘える場所です。ここを目指して夢を持つことで、こどもたちも普段の生活を見直したり、障害の困難さを克服していく姿を見ることができます。複数配置だからこそできることかもしれませんが、これからもサッカー指導を続けたいと思っています。

❺自らの実践

現在は、学校現場で学んだことと救急救命士であることを活かし、「学校における緊急・災害時の対応」(http://emergencyfirstaidinschool.com) という活動を、高校・大学時代の同級生（大学教員）と一緒に取り組んでいます。医師、消防、学校関係の方々も一緒に活動しています。

東日本大震災では、養護教諭は「ヘリで搬送する順番を判断すること」を求められる場面もありました。災害時に一人でも多くの児童生徒を助けるためには、養護教諭や教職員が緊急度判断を求められることもあるでしょう。しかし、現時点で、学校として対応できるシステムは足りていないようです。

普段から「緊急度・重症度の判断」を求められる養護教諭は、災害時にも頼りにされるでしょう。しかし、心情としては、「できるかどうか不安」「どう対応したら良いのかわからない」が多いのです。「緊急時・災害時の対応講習会」「学校災害リーダーの育成」「ホームページによる情報共有」という3つのアクションを通じて、普段の緊急時の対応の延長線上に、災害時の対応が行えるようなシステムづくりを提案しています。

❻今後の思い

この活動で、「教職員にもできるトリアージ」という、ＳＴＡＲＴ法トリアージをもとにした、学校でも対応できるフローチャートを作成しました。トリアージとは、多数傷病者の緊急度を評価し、搬送・治療の優先順位を決定することです。限られた医療資源で、１人でも多くの人を救うために行います。医療行為かどうか問われる部分もありますが、ＡＥＤの非医療従事者による使用、エピペンの教職員の使用などのケースを踏まえると、学校教職員が今後、災害時にトリアージを行う可能性はゼロではありません。

手さぐりで始めたこの研修会も、３年間で北は栃木から南は静岡まで、すでに２０００人以上にご参加いただきました。内閣府主催の「防災教育チャレンジプラン」に平成27年度、採用されました。養護教諭のニーズと、さまざまな災害への不安から、この分野への要望も大変多いと感じています。学校現場で実践的に使えるよう、現場の声を活かしつつ、医師や消防の方からも助言をいただいてより良いものにしていきたいと思います。

養護教諭、サッカー、救急救命士と、自分の特徴を活かしながらこの職務につけていることが幸せであるとともに、保健室に新しい風を吹き込んでいければいいなと思っています。

救急救命士の資格を持つ珍しい養護教諭です。まだ経験年数があまりないにもかかわらず、学校内での活動はもとより、資格を活かした「緊急時・災害時の対応講習会」などの対外活動が素晴らしいと思います。プールの介助員などの経験が、障害のある子への対応での自信となり、結果、特別支援学校勤務に決まった時も動じないということにつながりました。

いかがでしたか？　5人の語りをお読みいただきました。出身学部による学びの違いや本人の志向性が見られました。現在勤務している校種ごとにそれぞれ特徴的な課題があることも示されたでしょう。5人はそれぞれ、それらを乗り越えて、そして未来に向けての意欲などがとても個性的で前向きです。このような素敵な先生が、現在のご活躍にたどり着くまでにいろいろな葛藤があり、周囲の助けもあったことがわかりました。続く第4章では、他の先生方による紙上座談会です。

コラム

男性養護教諭友の会

第2章で紹介した横堀さんは、高校勤務時代に男性養護教諭が日本にどれくらいいるのか教育委員会に問い合わせして調べました。「1人います」と回答したある県の教育委員会も個人名は「プライバシーがあるので教えられません」と、その方法は頓挫しました。そこで、自らの特別別科の同級生だった現職者や、養護教諭として知り合った関係者、他の知り合いの先生方に、「男性の養護教諭はいない?」と、電話で聞きまくりました。彼によれば、3か月強で電話代が6万8000円もかかったそうです。しかし、その効果はてきめんで、当時12人の男性養護教諭を把握したそうです。

続いて、その方々へ名簿を作りたいと説明し、名簿に個人名を公表可能かハガキで尋ねました。12人中8人はOKで、4人は「校長に言われた」などの理由でNGでした。こうして、史上初めて、現役の男性養護教諭を掲載した名簿が作成され、連携していこうということになりました。その後、大学院生や大学生で養護教諭を志望する人も名簿に新たに記載しました。横堀さんは、各自が各地で頑張りつつ連携し、一般社会での認知度を高めたいと思っていました。看護学校教員時代に何人もの男性看護師を養成し、その後、卒業生たちとの連絡を取り続け、横の連携の重要性に気付いていたのです。

こうして長年の夢が叶い、名簿を更新し、継続して連絡をとることはできましたが、全国に散らばる彼らを一堂に会す機会を作れませんでした。ちょうど、大学や短大からの問い合わせがあり、大学生の卒論のテーマを男性養護教諭にした人に、現役の男性養護教諭を紹介しました。

この名簿を基礎に、それ以外の情報を収集していた篠田大輔先生、大西康司先生、吉田聡先生、東山書房編集者の山本敬一氏らは、ウェブ上に関係者のグループを、2010年春からスタートしました。

そのグループ内で、自己紹介や近況報告、相談などのやりとりが行われていました。そして、そのメンバーやそれに参加していない知り合い等へも、「男性養護教諭と男性で養護教諭をめざす人の交流と研修の場を設けること」を趣旨とする「男性養護教諭友の会」の結成が計画され、同意した人びとが集って、会が結成されました。

2010（平成22）年8月に、初めての研修会が開催されました。

社会学者で養成校教員の川又も、男子学生と男性養護教諭の助手と一緒にその会に参加しました。市川先生も第1回、勤務1年目から参加しています。

当日は、午前10時30分に始まりました。午前は横堀さんの講演「男性養護教諭の歴史とこれから」と製薬会社による「最新の湿布薬について」という講習会でした。午後は「企業が取り組む支援活動」として、「食育」と「心の病気」に関する講習会がありました。その後、参加者の自己紹介、全体で質疑応答が行われました。当初終了予定の午後4時30分を大きく延長し、参加者たちの熱心なやりとりがなされました。

当日参加した大学生たちからは、現役の養護教諭たちに、男性養護教諭としてのメリット・デメリット等が質問されました。給与面や学校外との関係、児童生徒たちへの対応の細かな点など、きわめて具体的なことも含め、各人の経験談が披露されました。

「男性養護教諭友の会」は、女性養護教諭たちと全く無関係に動こうとしているのではありません。すでに第1回の研修会から、彼らと関わりを持っている女性養護教諭等が数名参加していました。参加者の1人は、すでに「こどもが女性・男性、それぞれの養護教諭を自由に選択できる学校環境を保障したい」とも述べています。

また、現職の男性養護教諭たちは、それぞれの現場で、すでに女性教員との連携をとる場面が多数あるとも述べています。各地の研修会他を通じて、交流を深めているという事例も、私は、インタビューで何度となく耳にしています。基本的に彼らは性別の違いではなく、養護教諭という共通性を持って活動しています。ただし、「男性養護教諭」の絶対数は、圧倒的に少ないのもまちがいありません。彼らは、横堀さんや佐川さんが述べていたように、自分自身と同じような境遇にいる人のことを知らずに、それぞれ孤独に教育活動を続けていました。

横堀さんを中心に、一部の人びとは、すでに個人的に連絡を取り合っていましたが、多くの方々は学生時代、指導教員や同じ学内の人間以外の情報源がほとんどなく、周囲の状況（男性養護教諭の動向等）を知り得ませんでした。

ウェブサイトの掲示板などでは「男性養護教諭」に関する質問は、2016（平成28）年1月現在でも、いくつも見られます。限られた情報のなかで、既述のように、「男性養護教諭」をめざしながら、それぞれに悩んでいたと研修会他の場面で語られていました。

「男性養護教諭友の会」が結成され、彼らは互いに連絡を取り合うことができるようになりました。全国各地で、同じような悩みを抱えている人びとが顔を合わせる機会が得られたことの意義は、とても大きいようです。

続く、2011（平成23）年8月、第2回の研修会がさいたま市で開催され、それに基づいた会報が刊行されました。

その会報には、長年勤務されてきたベテラン教員の講演、事例検討会、筆者の講演、経験者との交流会などが主な内容でした。校種・経歴等異なる方々のさまざまな経験談は、集った志望者たちに、今まで聞きたくても聞けなかった実例にもとづく貴重な話を聞く機会となりました。以後の研修会（152〜154頁参照）にも、男性ばかりではなく、関心ある女子学生・女性の現職養護教諭等が参加して、男性養護教諭らと交流を深めました。

先述したように、男性看護師や男性保育者等もある程度のネットワークや地域のグループなどでの活動がありますす。男性養護教諭たちも、自ら集い学びあう場を作り出し、活動を開始したのです。

そして、２０１５（平成27）年8月、会長篠田大輔先生、事務局市川恭平先生のもと、「男性養護教諭友の会」が、会員制の正式な会として発足し、会員名簿に29名が記されスタートしました。「男性養護教諭」に限らず、私のような研究者・養成校教員や、女性養護教諭、教諭など、会の趣旨に賛同する方々も参加しています。

日本における、男性養護教諭として、実質的第2号の横堀さんが名簿作成して20年、全国各地のメンバーが、それぞれ活動し、その存在自体が、同様を持つ学生・志望者たちに良い影響を与えるのではないでしょうか。

第4章 男性養護教諭・座談会

川又俊則
市川恭平 編

本章では、編者の川又と市川が司会をつとめ、紙上座談会を行います。章末の資料にあるように、毎夏開催されている男性養護教諭友の会の研修会では、本章のような企画が毎年行われています。とくに学生の方々が抱く疑問に対して、現職者が答える形式になっています。これまで行われた会などを踏まえつつ、本章で、特別座談会を開催いたします。

以下の発言は、ＡＢＣ：特別支援学校勤務、ＤＥ：高等学校勤務、Ｆ：中学校勤務、ＧＨ：小学校勤務、Ｉ：養成校学生、Ｊ：編集者、Ｋ：養成校教員、Ｌ：元養護教諭、川又・市川です。

1 個性あふれる存在

(1) 自己紹介から

川又：これから座談会を始めます。簡単に自己紹介をお願いします。

A：教育系大学を卒業後、現在特別支援学校2校目の30歳代です。私は小学時代、お腹が痛くなって保健室に行くと癒された経験があります。保健室が好きな人はみんなそう言うと思いますけど。中学・高校の保健室の先生も、人柄とか専門性がすごいと思ってました。高1のとき進路に悩み、自分は何をやりたいか考えたとき、その先生みたいに養護教諭になりたいと思ったんです。男性の養護教諭は、直接の面識はなかったんですが、数年前に県第1号が出たことを教えてもらっていたの

で、それなら、自分もがんばればなれると思いました。そこで、養護教諭の養成課程がある大学を探し、合格したところに入りました。

B：20歳代で特別支援学校1校目です。小学校から野球をしていましたが、もともと人助けも好きで、高校進学後は野球部でマネージャーをしていました。ちょっとしたケガの対応やネガティブな発言をする選手を励ます機会もあり、その選手の活躍する姿に感動していました。中学・高校時代、保健委員もしていました。職業として養護教諭も考えていたのですが、簡単になれないことも知っていたので、家族も大事にし、仕事もしっかりしたいと思い、最初に看護師として経験を積むことから始めました。病院に勤務しながら通信教育で養護教諭免

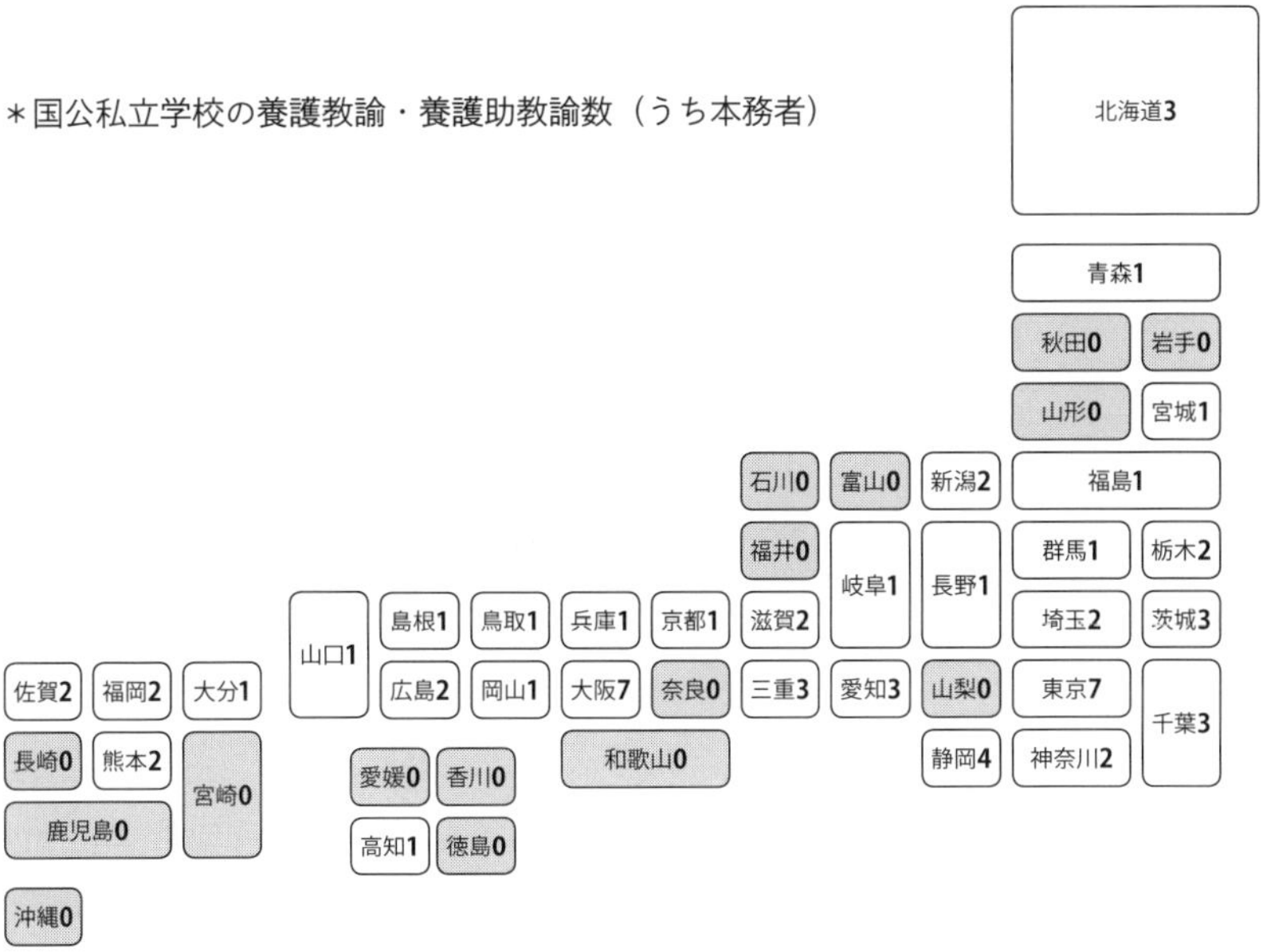

＊国公私立学校の養護教諭・養護助教諭数（うち本務者）

図4　男性養護教諭の2015年の分布図

許を取得しました。

市川：将来設計を明確に立てた学生時代を送っていたんですね。続いてCさん、どうぞ。

C：僕は医療関係に関心をもち、看護学校を出て看護師として勤務しました。ですが、20年後、30年後の自分をイメージして、漠然とした不安を感じたんです。もともと小・中・高と運動部に在籍していたんですが、母校の高校で部活動する子が減っているという話を聞きました。自分も部活動に携りたいと思い、学校の先生になりたいと思ったんです。養護教諭なら看護師免許を持っている自分はなりやすいと知り、特別別科を受験し、合格しました。

市川：特別別科での生活はどういう感じでした。

C：同級生が40名いるうち、男性は僕を含めて2名でした。看護師になったものの、養護教諭になりたいという思いで全国から集まりました。でも、結局、その年の教員採用試験に受からず、免許は取得したけど、卒業後、看護師として病院勤務に戻った子も結構いました。

D：私の高校は、大学進学をめざし「勉強」「勉強」という環境でした。たまたま、保健室にいたら、そういうところから切り離され、「心のオアシス」って言われるように、時間の流れが違いました。そこで、「学校でありながら学校でない空間」を感じました。もともと、理系が好きで医療方面も考えていたくらいでしたから、看護師資格も取得可能で、養護教諭もめざせるという大学の保健系学部へ進学しました。

E：心理学に興味があって、勉強してみたいと思い、大学院に臨床心理コースを設置している大学の教育系学部に入りました。同期には男性も結構いて、20名くらい養護教諭免許をとったと思います。ですが、4年生のときの教育実習は自分にとって辛い3週間でした。苦労をたくさん味わい、今の自分がすぐに養護教諭になるのは無理だと思いました。教科を教えるわけではなく、生徒の心身の健康を支えるためには、ある程度経験があり、人間として分厚くないといけないけど、自分は薄っぺらだなと思い知らされたんです。それで就職活動し、契約社員なども経験しました。やがて結婚してこどももでき、5年間、会社員として働きました。

F：教育系学部でしたが、大学生活のなかで周りがほぼ女性の世界で男1人でした。他の女子と同じでは勝負にならないと思い、一つ武器を作りたいとの思いがありました。他の人と違うものを持っていることで、教員としての説得力が違うと思ったんです。私の場合、大学院で学ぶことが一つの武器になると思い、4年生のとき、教員採用試験ではなく大学院の試験勉強をして、進学しました。

G：私は、高校生の時にラグビー部に入っていたこともあり、ケガが多かったんです。そうすると、自分の身体とか、ケガの治し方を考えるようになって。単純ですけど、医療方面での進路を考えました。もともと学校が大好きだったので、教師にもなりたいので、教職と医療を足して2で割ったら保健室の先生かなとぼんやり考え、教育系の大学に進んで、養護教諭のコースに進みました。

H：私も教育系学部です。自分自身は困りませんでしたが、私の学年は、養護教諭養成に男子1人だったので、授業担当の先生でペアや班を作るときの対応で困っていたと思います。ただ、男子学生への配慮を感じたことありませんでした。「勝手にしなさい」という態度でした。卒論のゼミ指導をしてくださった先生は僕には波長が合っていて、的確にポイントを抑えてスパッと仰ってくださる方だったのが良かったです。

I：私も社会人経験を経て、教員になりたいという思いが再燃し、教育系短大を受験しました。その後、専攻科に進学し、学部卒と同じ1種免許・学士を目標にしていました。同級の女子とは、全員と同じような距離感で付き合っていくというのが処世術なのかもしれません。女性の中で男1人なので、友人などにうらやましがられることもあるけど、実際は、きついですよね。自分の場合、短大本科の時代は、他のコースに男ともだちがいたので、専門の授業以外、そのともだちとつるんでいました。専攻科に入ってからは、3人のなかで1人が男ということで、すでに2年間一緒にいた仲間だったから、とくに、問題はなかったです。

L：私は短期大学で養成している側ですが、5年前に専攻科を設置し、「学士」「養護教諭1種」をめざせるようにしたところ、Iくんが入ってきました。授業内容ではとくに問題はなく、でも、各種実習では男性が1人だけなので、着替えや身体接触があるワークなどで、気をつかったこともあるかもしれません。でも、Iくんも、その上の男性の先輩たちも、最初は戸惑っていることがあっても、いつの間にかなじんでいったという感じでした。

K：私も、市川先生を教育実習で初めて男性養護教諭志望者として受け入れたときは、けっこうナイーブになっていました。でも、彼の動きを見て、男女の差は関係ないと気づかされました。男女の差ではなく、養護教諭としての資質が問われるのだということがわかったんです。今では、男女差はないという意識を持っています。

Ｊ：他にも、私が話を伺ったなかでは、「思春期の生徒たちにカウンセリング的対応をしたい」「体育教師をめざしていて、養護教諭という専門性をもった人材になりたい」「健康はスポーツだけでなく、心理的、栄養的、衛生的などさまざまな要因があって成り立っているから、こどもを総合的に支援したい」などの志望理由があります。

(2) 教員になるまでのエピソード

川又：教員採用試験など、教員になるまでのことを教えてください。

Ｅ：さっき言ったように、会社員時代にも教員採用試験を受けました。でも、なかなか勉強もできていないので、落ちてばかりでした。妻に「必ずなるから」と宣言し、会社を辞めて、養護教諭の臨時採用の働き口を求めました。それこそ西日本のほとんどの府県に、講師登録（有期契約の講師での採用を目指す）をしました。どこかは呼んでくれるかもしれないと思って。そして、幸いに臨時採用の話をいただけたので、そこに行きました。そこは定時制高校でした。勤務時間は、昼の１時から夜の９時半までで、全日制の養護教諭の先生と勤務時間が重なる時間もありました。最初の頃はいろいろ尋ねることができ、助かりました。生徒数は、１年目は30名強、２年目は20名弱でした。実はその高校は、統廃合のため、その年で閉校しました。その後、ようやく採用試験に合格し、現在の勤務校にいます。

市川：教員採用試験を一回で合格されたC先生。先生は特別別科という1年の養成課程なので、入学後すぐの採用試験に合格されたのですよね。そのコツを教えてください。

C：業者主催の講座が大学内で、別途料金で提供されており、それに申し込み、集中的に受験勉強しました。同期の現役合格は自分を入れて2人でしたから、本当にラッキーだったと思います。特別講師の方は、「面接がすごく大事」って口を酸っぱくして言われていました。「あらゆる質問に1分間で、相手を感動させる話をしろ」というトレーニングは印象的でした。それをみんなの前でさせられていましたが、そういうこともあり、あらゆる質問に対してどう答えるか、自分なりの答えを、その講義以外でも常に考えるようにしていました。また、その先生からは、「君は絶対通る」って言われました。看護師としての現場経験がある、すでに男性養護教諭がいる県を受験する、部活動顧問をしたいと思っている、教育現場でいま求められているものをもっている点でとても有利だと。君は「さわやか」なのでそれがいいと言われていました。

川又：よく考えれば、ここにいらっしゃる方々は、みな、さわやかですね。外見も重要ということなのかなぁ(笑)。もちろん、そんなことはないでしょうが、生き生きしているっていうことはポイントかもしれませんね。続いて、2回目で合格されたH先生。

H：試験日程を見て、受けられるものは可能な限り受けました。大学4年のときは5県受け、全部ダメだったので、次の年は実家に帰り、採用試験の勉強に専念して4県受けました。そのうち2県は一次合格しました。二次試験で重なったので、現在の県を選んで合格したので、勤務しています。

看護師養成課程に行けば看護師になれるし、男性もいるけど、逆にそれが逃げ道になると思いました。自分はフラフラ逃げるタイプなので、養護教諭になりたいと本気で思うなら、退路を断つほうがいいと思い、看護系ではなく、教育系の養成課程で学んだことはとても良かったと思っています。

B：私の場合、看護師としての勤務経験があったので、社会人枠で学科試験免除を利用しました。その枠も20倍近くでしたが、最終的に４回目で合格しました。論文が難しくて苦労しました。学校現場での経験不足を何とかしようと、月に１回ですが特別支援学校のボランティアを３年間、続けました。３度目の不合格以降は、高校の保健室に相談して見学をさせていただき、助言もいただきました。論文指導をしてくださった方はじめ、本当に多くの方からの指導を受けることができたのが、今の自分を作っていると思っています。

市川：自らの思いだけではなく、必要な知識技能を身につけていくことが大切ですよね。集団討論とかの経験談で、何かお話してくださる方ありませんか。

H：自分が落ちたときのことですけど、集団討論で、７人中３人欠席して４人だったんです。僕以外の３人は講師経験者でした。20歳代後半、30歳代と30歳代後半ぐらいの方々だったと思います。そのときのテーマが「食育」で、特産の食べ物を使って食育するなかで「養護教論としてどうかかわるべきか」答えなさいっていうのがあったんです。４人しかいないので、会話もとぎれとぎれになり、時間いっぱいしゃべれない。僕も経験を交えた話ができず、他の３人も落ちました。確かに、特産品を使って話しましたが、「養護教論として」ということだったのに、その４人の集団の議論では、誰だってできる指導しか出なかった。わざわざ養護教諭がここに4人集まって試験の答えを出す意味になっていない。養護教諭の答えにはならなかったなって今でも鮮明に覚えています。

J：試験勉強については、女性の養護教諭も、それぞれ自分に合った方法を探し出しているようです。H先生の場合、その試験は失敗してもそれを振り返ることができたからこそ、次に受かったのでしょうね。

H：自分は採用試験のとき、どの試験でも、自分の集団討論を一緒に受けた方の話や番号は覚え、結果を見て、誰が合格したのか分析するようにしていました。試験官の方は、受験者たちのより深い部分を見ると思っていますが、集団討論のとき、私自身が「一味違う」「頭一つ抜け抜けている」と思うような方は、こぞって合格されました。それを見ていたので、自分も、一次試験は満点をめざしましたし、試験勉強でどこが大事かなど意識したと思います。

川又：正規採用の前に、臨時採用の経験される方も多かったと思います。そのときのエピソードなどありますか。

F：最初経験したのが800人くらいいるマンモス中学校で、複数配置でした。初任の方だったんですが、たいへんいい方で、1年間の養護教諭としての流れを学ばせてもらいました。その後、地元に戻って、全校生徒が二十数名しかいない小さい小学校を経験し、そのときは教頭先生から学校全般のことを教えていただき、給食関係や清掃など、学校のあらゆることを経験しました。少し離れた隣の小学校の養護教諭の先生にもいろいろ伺いました。そういう経験は、今も役立ってます。

G：私の場合、講師登録をしても自分の住んでいる県からは、一度もお声がかかりませんでした。同期の女子は次から次へと声がかかっていたのを知っているので、これはなぜなのか、いまだにわかりません。

A：複数配置の高校から、校長先生は私でいいということで講師のお話がありました。でも、相方となる女の先生から「男の人と組んだことないから不安」と言われた結果、断られました。その後も、同じように臨時採用の話があったのですが、また、「相方の養護教諭の先生が不安だから」という一方的な理由で採用されなくなったんです。これからはそんなことないとは思いますが、私自身がそういう経験をしたことは言っておきたいです。

2　勤務状況

(1)　初任校の同僚と保護者

市川：私も第１章で、男性養護教諭自身の視点からのお話をさせていただいたのですが、読者のみなさんは、こどもたちや保護者、同僚などはどのような様子だったのかが気になると思います。そのあたりで何かご発言いただける方、お願いします。

D：勤務後しばらくしてから、周りの先生が教えてくださったことです。最初の赴任先では、みな男

性養護教諭と接点をもつのが初めてで、「どんな男性が来るんだ?」という雰囲気だったようです。初の職員会議の締めの場面で、私は手を挙げて、「男性で至らぬところもあり、先生方にご協力いただくことがたくさんあると思いますが、嫌と言わずに、ぜひ『はい』と言ってください」と、冗談のようにおどけた感じで発言したんです。自分がこういう人間だとわかってもらいたかったんです。後から、先生方に、「そこで（自分に対する態度が）変わったんですよ」って言われました。

川又：そうすると、同僚の先生方にうまく受け入れられたというところが大きいですね。

D：そうです。実際、働いてみて印象が変わってきたと思うんですけど、勤務当初に、「こういう先生だ」と、自分のことが職場で受け入れてもらえたのは良かったです。

B：私は看護師時代、患者さんが異性でも同性でも、接するときは「私でよろしいですか?」と確認していました。ある日、「男性看護師は必要ないのではないか」という意見が病院に寄せられたことがあって、全病棟の男性看護師で研修会をしたんです。看護師長たちとのグループワークのなかで、「逆に男性看護師のほうが丁寧に接しているのではないか」という意見でまとまって、私と同じようにどの男性看護師も「私でよろしいですか?」と聞いていました。それは師長である女性看護師たちからすると、とても新鮮なことだったようです。また、トイレ介助をする男性患者から「本当は男性にやってもらいたい」と言われたり、女性患者から「男性のほうが丁寧なこともあるわよね」と言われたりしたことがありました。同性だからどうかではなく、真摯に接すること、人としてどうかは、養護教諭でも同じだと思います。

Ｃ：細かいことは覚えていないんですが、「保健室の先生ということで、保護者の方にも注目されるから、一生懸命がんばってね」ということは言われました。でも、けっこうオープンな学校で、ＰＴＡでも、いろいろな保護者の方も学校にいらっしゃったときに、「これからよろしくお願いします」って挨拶するくらいで、なじめたと思います。

Ｄ：元気な男子生徒の日常会話のなかには、性についての話がたびたび出てきます。そんなとき、同性ということもあり、気軽にその話に加わることができ、同じ男性という視点から、共感しながら話ができています。

Ｅ：教師の性的な不祥事がとても目立ちますよね。児童生徒の身体に触れることもありうることが、保護者や同僚から懸念されるのだと思います。学外での研修で、私が男性養護教諭だと知ると、みなさんから「生徒に気を付けなさい」とアドバイスいただきます。「女生徒と２人きりになることもあるかもしれないけれど、気を付けないと」とか、「男性だからたいへんなことがあるんじゃないの」と聞かれます。あまりにもそういう質問が多いのは、偏見が多いからだと思っています。現在の勤務先の同僚に聞くと「別に、男性だから女性だから関係ないね」。とくに問題ないと思うんですけどね。

市川：Ｈ先生は小学校の大規模校ですが、健康診断等で気を付けていることとか、あるいは、対応で気を付けているところはありますか。

Ｈ：最低限、気を付けているのは、クレームにならない配慮です。内科検診や心電図検査、衣服の中の障害だったり、身体異常だったりは、基本的に異性間の対応はしない。せっかく保健室に異性の相方と僕がいるので、同性の人間が診るということを基本にしています。

川又：複数配置をうまく活かしてということですね。例えば、ケガなどで緊急の時に、異性だけしかない場合はどうしました。

H：緊急性が求められ、そういうことがあった場合は、基本的には、担任の先生が確実にかかわってくださっているので、僕に関しては、小学校でいることで、担任の先生が女性でいてくださることはすごく、ありがたいですね。

(2) 複数配置

市川：さて、単数配置を経験された先生っていらっしゃいます？　Aさん、Iさんですね。座談会参加者以外でも数名知っています。意外と思われる読者の方もおられるでしょうが、実は、男性養護教諭の単独配置は全くないわけではありません。でも、それ以外は複数配置のみ経験なので、それが多数派ですね。次に、複数配置についてお伺いしたいと思います。ご発言ある方……はい、Aさん。

A：今のところでは複数配置で、男性と女性なので、基本的に男の子が来たら僕がみて、女の子が来たら相方の女性の先生がみてという区分はあります。特別支援学校なので、小学部・中等部・高等部と児童生徒がいますが、その学年の区別はしていません。事務作業は、メインでやる方が企画とか運営とか連絡調整をやり、そこで決まったことを担当外にお願いしています。行事が２つ、３つ重なるときは、あらかじめ分担します。

F：生徒が生理用品をもらいにきたときに、自分には話しにくくて、ベテランの相方の女性の先生へ行ったんです。そしたら、その方が「F先生も保健の先生なんだから、もらいに行っていいんだよ」ってその生徒に言いました。聞いていてありがたかったです。同じ養護教諭で、そのような認識でいてくれるのは、ありがたいと思いました。

川又：それは、それまでの積み重ねでF先生がその相方に信頼されたっていうことですよね。

J：複数配置の場合、女性と女性がほとんどの組み合わせですが、それもうまくいく場合、そうでない場合などさまざまです。経験年数の違いでバランスが取れるかというと必ずしもそうならないこともあって……。でも、機能すると素晴らしく力を発揮されるということも伺いますね。

D：複数配置で働く相方の先生に、実際に自分と一緒に働いてみてどうですかと伺ったら、「男性云々っていうより、その人によるんじゃないかな。男性だからダメっていうことではなくて、その人の人間性が大きい」って言われました。健康診断では、夜間定時制の（女性の）先生に代わってもらったんです。そこはやっぱり、男性じゃなくて女性の方がよかったんじゃないとか、そういうことも言われました。日常の勤務自体では、男性だから困った・ダメだったという話はなかったです。

市川：相方の先生について、話せる範囲で結構ですので、何か、印象に残っていることなどありませんか。

A：臨時採用で最初にご一緒させていただいた先生から繰り返し言われたのは「記録を忘れずにつけなさい」ということでした。養護教諭は、職務の特質上、訴えられることもありうる。こどもたちのケガ・病気などの対応で、不的確だと言われることもある。例えば、打撲を見つけて、傷を見た――そこが腫れているのか、赤くなっているのか、痛みがあるのか、変形していないのか、そういうことを、来室記録簿にきちんと書いて、どういう処置をしたのかっていうのを書きなさいということを、書き忘れるたびに言われていました。後は、既往症をよく確認することです。既往症というのはその子が持っている病気、たとえば、鼻のアレルギー、花粉症があるとか。耳が聞こえない子もあるし、対応して、何かおかしいなと思ったときは、何かあるのかなと確認してから対応しなさいということ。今にしてみれば、当たり前のことなんですが、着任当時はまだまだその基本がなっていないので、繰り返し言われたことがとてもよかったです。

G：A先生とは逆のケースで、私が講師として就いた最初、相方の先生とうまくいかなかったんです。産休時短の代替として入ったんですが、その先生も新採用一年目の方で、児童生徒対応は、ほぼ僕がやっていました。スポーツ振興センターの手続きも、最初、教えてもらった後は、全部。保健だよりも私が書きました。愚痴になっちゃうのですが、その先生の口癖が「自己責任で」。リスクを取りたくない先生で、私の後に入った講師の先生も相当悩まれたそうです。複数配置の難しさも経験、勉強させていただきました。

(3) いまとこれからの活動

川又：やりがいとかうれしかったことなど、ご発言いただけますか。

G：マンモス校のなかで、毎日、怒鳴ったり、走ったりしています。この間、うれしかったのは、食物アレルギーのある男の子がいて、クラスの児童から「なんでこいつだけ別のを食べている、ずるいな」って言われ、お母さんが悩まれていることを担任の先生から伺ったんです。ちょうど、アレルギーのことを保健だよりで扱う予定だったので、ちょうどいい機会なので、ぜひみんなに知ってもらおうと、けっこうがんばって書いたんですね。そしたら、その保護者から、電話で感謝の言葉をいただいたんです。しょうもないことなんですけど、うれしくて、そんな日々を過ごしています。

E：管理職も同僚も、とても理解をしていただいて、私がしたいことをさせていただいています。たとえば、性教育について、自分が講師としてさせてもらったり、薬物問題のことも提案してさせていただきました。校長先生の理解があってだと思いますが、地元の漁協の方に講師として魚のさばき方を教えてもらい、一からさばいて一緒に料理を作ったり、地域の人と学校で餅つきしたり、バザーもしています。高校ですが、地域との結びつきを大事にしている学校で、生徒も教員とだけかかわるのではなく、いろいろな大人とかかわり、世界が広がっていけるような教育のなかにいます。

市川：部活動の顧問をされている方いますか。

D：前の学校では野球部の顧問でした。ノックなどもしていました。ただ、私はサッカー少年で、野球経験はゼロ。でも、一緒に生徒とできる程度でよかったので助かりました。そこは生徒主導の部活動だったから助かりました。

J：スポーツ系も芸術系も顧問されている方がいますね。もちろん、女性の養護教諭の方々も顧問はいますが。

市川：委員会活動の担当などはいかがでしょうか。

C：私は、保健委員会を活発にしたいと思って動いています。小学校の実習で2つが印象深く残っています。1つはいい授業をする指導をしてもらったこと、もう1つは保健委員会です。昼休みに保健委員が来ていた様子を見て、養護教諭が中心になる活動をやりたいと思ったんです。年数が経って、校内のことに慣れ、余裕もできてきたので、週1回くらいの活動を目標にして、小学部・中学部・高等部とあるなかで、高等部だけですが。月4回くらいを目途に、知的（不自由）の子たちが中心で、最初から自分たちで意見は出ないけど、こちらでレールを用意して、まずは作業などをしてもらってと進めています。

川又：ご自身のなかで、めざす養護教諭像というのはどういうものでしょうか。現在の方向性で行きたいのか、あるいは何か違った方向でめざすものがありますか。

A：もっと多面的なことができるようになりたいです。出会った最初の養護の先生に抱いた憧れです。児童生徒がしんどい顔をして保健室にやってきたとき、その先生が発した一言で、その子の元気さが変わるんです。それを間近で見てきたので、自然に出てくる「言葉かけ」ができるような人間になりたいです。こどもに関わる仕事のなかで、養護教諭が唯一、そういうことができそうな仕事だと僕は思っています。こんな時代なので、これからも、保健室って重要だと思うんです。そういうときに、何かいろんな授業、掲示物、保健指導、保健室でのこどもとのかかわりとか。多方面でスキルアップしていきたいです。

Ｆ：塾や高校の先生が進路について、高３男子で「俺も保健の先生になりたい」子がいたとき、「養護教諭には男性もいるよ」って言えれば、彼の選択肢に入れられるねっていう話をされたんです。それを聞いて、「ああ、こういう感じでいいんだ」って思いました。「男性がこんなに素晴らしいんだよ」と言いたいとは思わない。こどもたちにとって、職業選択の幅が広がるときに、「実際にいる」ことさえわかってもらえれば、それでいいっていう感じですね。

Ｂ：看護師を経験した後で、養護教諭として勤務してみて気づいたことがあります。奉仕の精神を持つ善き人たちが、自分の容量を超える仕事量を担当してパンクしているということです。こどもたちと向き合う時間が取れないのはまずいです。養護教諭の仕事も、絶対にやらなければならないことはするけど、それ以外はじっくり考え、その学校や地域の課題に合わせて時間配分する必要があると思うんです。書類仕事も多く、先輩方を見ていると、本来は範囲外の業務を多くやり過ぎなのではないかと感じます。ヒヤリハットが多いのは、それも原因の一つではないかと思います。日常の暮らしであれば、給与の金額内で、家賃や絶対に使うものを引いて、お金を使う計画をしていることに似ています。私の勤務校では、これまでの経験を踏まえて、管理職の協力も得て業務の整理してきました。それができれば、もっといい活動ができると思っています。

G：初任研で1年間、同期で、どんなことで悩んでいるとか、ここをどうしているとか、そういったことを相談しあえたのは良かったです。同期で男性は1人だけなので、積極的に話せる知り合いができて、その仲間たちと一緒に成長していければ、とも思っています。

K：友の会に何度か参加させていただいて、いつも、一人ひとりがエネルギッシュにいろいろなことをされているのをうかがって、とてもうれしく思っています。男性女性関係なく、養護教諭が元気にこどもたちに向き合ってほしいなと思いますね。

川又：ありがとうございました。今回は、テーマに取り上げませんでしたが、多様な性のことを考えるときにも、保健室に男女2人の先生がいてほしいと個人的に思います。ご存知のとおり、文部科学省は2010年、性同一性障害に係る児童生徒の心情等に十分配慮した対応を発表し、2014年には全国調査を行い、その結果を踏まえ、2015年に「性同一性障害に係る児童生徒に対するきめ細かな対応の実施等について」を発表しました。もちろん通達等だけではなく、教育現場に関係する1人ひとりが、いわゆる「性的マイノリティ」とされる児童生徒全般に共通する悩み等を一緒に考えていくべきでしょう。その意味でも、多種多様な「保健室の先生」は大きな役割を果すと大いに期待しています。……すみません。ついつい司会が脱線してしまいました。

市川：ご発言いただいた先生方、どうもありがとうございました。紙面もだいぶ超過しておりますので、とりあえず、ここで座談会は終了としたいと思います。

今回は紙上座談会ですが、これは、男性養護教諭友の会で実際に質疑応答された内容なども下敷きにしています。友の会の研修会では、交流会の後の懇親会まで、先生方の語り合いが続きます。この座談会では読者の方々が尋ねたいと思うポイントのみをご紹介しました。

全国各地に、現職の男性養護教諭はいます（133頁、図４）。関心ある方はぜひ、その先生方を訪ねてみてください。きっと、それぞれの経験をもとにした、貴重なお話をしてくださるはずです。

そして、次の資料にあるように、男性養護教諭友の会では、毎年夏休みの時期に研修会を実施しています。貴重なお話や研修を体験できると思います。どうぞそちらにもご参加ください。

それでは、みなさん、ありがとうございました。

男性養護教諭友の会の概要（第1回～第6回）

第1回（2010年8月7日）名古屋港湾会館
司会　篠田大輔
講演「男性養護教諭の歴史とこれから」横堀良男
講習「最新の湿布薬について」久光製薬株式会社（司会・大西康司）、講習「企業が取り組む支援活動」ミッブ株式会社・日本マクドナルド株式会社・日本イーライリリー株式会社
交流会

第2回（2011年8月7日）浦和コミュニティセンター
司会　吉田聡
講演「男性養護教諭の歴史とこれから　Part. 2」佐川秀雄
事例検討会「男性養護教諭の立場から」大西康司
講演「男性看護師・男性保育士研究から見えるもの～男性養護教諭と比較して」川又俊則
交流会

第3回（2012年8月5日）洛南高等学校
司会　篠田大輔

講演「男性養護教諭の特別支援学校での取り組み」船木雄太郎
事例検討会（グループワーク）
昼食交流会
交流「現役男性養護教諭へのインタビュー」小浜明
参加者交流会

第4回（2013年8月3日）兵庫県民会館
司会　梅木陽平
アイスブレイク　梅田裕之・米野吉則・丸岡大知
実践発表Ⅰ「小学校における取り組み」福井祐介
実践発表Ⅱ「中学校における取り組み」高橋清貴
昼食交流会
講演「時代が求める〝養護教諭力〟―理想と現実の狭間で」徳山美智子
実践発表Ⅲ「高等学校（定時制課程）における取り組み」吉田聡
実践発表Ⅳ「特別支援学校における取り組み」李容司
ミニ交流会　梅木陽平・泉静・領家竜
会長挨拶　篠田大輔

第5回（2014年8月2日）ウィルあいち
司会　市川恭平・津馬史壮

第5回（2014年）

第4回（2013年）

アイスブレイク　梅田裕之・米野吉則
講演「男性養護教諭に紹介したいきっと役立つあの実践この実践」山本敬一
討論会「男性養護教諭と複数配置」（司会・津馬史壮）
昼食交流会
講演「養護教諭の『養護』を探求して」野村美智子
実践発表「知的障害特別支援学校での性教育実践」市川恭平
討論会「男性養護教諭のこれから」（司会・石川拓次）

第6回（2015年8月8日）逗子開成中学校・高等学校
司会　妻鹿智晃・高橋清貴
アイスブレイク　相澤智朗
実践発表Ⅰ「日々の実践から思うこと」（中学校）梅田裕之
実践発表Ⅱ「初任校での取り組み」（高等学校）北田瞬
分科会①「採用試験対策のポイント」梅木陽平、「採用試験に向けた心構え（養成の立場から）」中村千景
分科会②調理交流会「懐かしの調理実習をしよう」（八つ橋とクッキー作り）吉田聡・大出好信他
昼食交流会
男性養護教諭友の会会則・入会申し込み案内
講演・実習「学校における緊急・災害時の対応～養護教諭とトリアージ」木村純一・鈴木健介
討論会「男性養護教諭Q＆A」司会山本敬一、梅田・北田・梅木・相澤

もっと男性養護教諭を知りたい方のための文献リスト

藤田和也、1995、アメリカの学校保健とスクールナース、大修館書店

藤田和也、2008、養護教諭が担う「教育」とは何か、農文協

後藤ひとみ、1999、養護教諭と研究、大谷尚子他、養護学概論、東山書房、213-227

片岡繁雄、1982、養護教諭の複数配置と男性養護教諭の採用についての現職養護教諭の意識について、学校保健研究、24(1):37-43

川又俊則・寺田圭吾、2008、養護教諭とジェンダー(1)——保健管理センター助手の事例より、鈴鹿短期大学紀要、28、123-147

川又俊則、2011、養護教諭とジェンダー(2)——あるベテラン男性養護教諭のライフヒストリーを中心に、鈴鹿短期大学紀要、31、17-34

川又俊則、2012、養護教諭とジェンダー(3)——看護師・保育士との比較、川又俊則他編、養護教諭の複数配置に関する社会学的研究、56-68

川又俊則、2014、養護教諭の男女の共働——こどもたちの支援充実のために、川又俊則他編、生活コミュニケーション学を学ぶ、あるむ、39-55

米野吉則・西浦裕子、2014、ミニシンポジウム 養護教諭をめぐる課題——男性養護教諭を通して考える、日本養護教諭教育学会誌、17(2)、87-91

教員養成系大学保健協議会編、2004、学校保健ハンドブック第4次改訂、ぎょうせい

森昭三、１９９１、これからの養護教論―教育的視座からの提言、大修館書店
村瀬幸浩・小林貴義・津馬史壮、２０１５、フォーラムセッション 男性養護教論の実践から見える「教育保健」、日本教育保健学会年報、23、１１７-１２１
野村美智子、２００８、養護教論実習は学び合いのチャンス！（その３）子どもたちに男女両性の養護教論を、健康教室、８６９、40-44
大野泰子・永石喜代子・寺田圭吾・米田綾夏・小林寿子、２００８、養護教論複数配置と男性養護教論――質問紙調査からの検討：第２報、鈴鹿短期大学紀要、28：95-１０７
小倉学、１９７０、養護教論――その専門性と機能、東山書房
津村直子・冨野由紀子・安西幸恵・川内あかり・横堀良男・山田玲子、２０１０、男性養護教論に対する意識調査――現職養護教論、教育委員会の意識、北海道教育大学紀要（教育科学編）、60（2）、47-60
津村直子・冨野由紀子・安西幸恵・川内あかり・横堀良男・山田玲子、２０１１、男性養護教論に対する意識調査――男性養護教論勤務校の生徒の意識、北海道教育大学紀要（教育科学編）、61（2）、１４５-１５５
山本敬一、２０１６、座談会男性養護教論Interview――保健室の日常、そのスタンスとスタイル、養護教論WORSK、67（3）、東山書房、96-１０４
山本京世、２００１、養護実習に男子学生を受け入れて――養護教論の性別に関する本校生徒の意識調査結果から、全国国立大学附属学校養護教員研究会研究集録、36、24-27
山梨八重子、２０１２、養護教論の複数配置についての一考察――男性養護教論を求める男子の声が問いかけるもの、日本教育保健学会年報、19、41-52
「養護教論の養成教育のあり方」共同研究班、１９９９、これからの養護教論の教育、東山書房

おわりに

本書で記されてきた男性養護教諭は、スーパーマンではありません。「女性」より優れている「男性」の養護教諭ということでもありません。ただただ、男性だからという理由で辛い思いをしながらも採用され、採用されるとそれぞれの個性を発揮しながら、「養護教諭」として、日々職務に励んでいる人たちです。

問題は、「養護教諭は女性の仕事」という大人の「思い込み」なのです。男性が進出してくることによって、性に関する指導や相談など、さらに広くこどものニーズが拾われるでしょう。こどもには男女両方いて、発達段階だけでなく、それぞれの生まれ育った環境によって、多様なニーズがあり、その受け皿となるために男性養護教諭は必要です。日本各地にいる男性養護教諭を間近に見ている教職員や保護者、そしてこどもたちにもそのことに気づいてもらえていることがおわかりいただけたかと思います。

しかし、そう結論付ける前にもうひとつ。学校では、女性に相談したいこどももいれば、男性に相談したいこどももいます。さらに言えば、男女どちらでも関係なく「保健室にいる養護教諭」に相談したいこどもが多くいるのです。もしかしたら「保健室にいる養護教諭」を求める気持ちからすると、性別は大した問題ではないのかもしれません。そう考えると、大人の「思い込み」は、本当に机上の空論です。

以上のことから、男性養護教諭の進出は、多様なニーズの受け皿という短期的な意義と、「性別」ではない側面から養護教諭という職を捉え直すという長期的な意義があると考えます。しかし、男性養護教諭についての議論は始まったばかりです。それどころか、男性養護教諭が存在しない自治体すら多くあります。圧倒的なマイノリティであるがゆえに、何かを結論づけることは、現時点ではまだできません。でも一歩ずつ。採用者が増え、実践者が増え、少しずつ議論が深まっていくことを期待しています。私も実践者の一人として貢献していきたいと思います。そして、読者の皆様からも、拙書に関するご意見・ご感想・ご指導・ご助言をいただけたら幸いに存じます。

本書もいよいよ終わりに近づきました。圧倒的なマイノリティである男性養護教諭についてこのように思いをみなさんにお伝えすることができたのは、ひとえにお支えくださる方々のおかげです。まずは、本書に登場してくださった男性養護教諭の先生方。貴重な実践やお考えをお寄せいただきありがとうございました。先生方のおかげで、私一人ではなく男性養護教諭の多様な姿をお伝えすることができました。

また、本文には登場しませんでしたが、男性養護教諭友の会の研修会で、熱く議論を交わしている会員の方々からも、本書執筆にあたりお支えいただいたこと、感謝申し上げます。これからもよろしくお願いいたします。

さらに、個人的ではありますが、私が男性養護教諭を目指していた時に、進路決定を支えてくれた家族。そして、大学時代に「あなたがやらずに誰がやる」と背中を押し続けてくれた友人。今では、共に育児に奮闘する家族になりました。あなたたちがいなければ、私は養護教諭になれませんでした。支えてくれてありがとう。これからもよろしくお願いします。

最後に、かもがわ出版の吉田茂さんには、不慣れでなかなか進まない執筆作業を温かく見守っていただいたことに深く感謝申し上げます。今後ともお支えいただきますようよろしくお願いいたします。

支えられる喜びをかみしめながら。

市川恭平

本書作成にご協力いただいた方々（五十音順）

相澤智朗、阿部大樹、飯野崇、石井浩二、石川拓次、梅木陽平、梅田裕之、大澤隼人、大西康司、大野泰子、岡部茂男、方波見祐太、北田瞬、木村純一、小林貴義、米野吉則、佐川秀雄、篠田大輔、高橋清貴、田中裕、田野エリヤ、田部仁志、津馬史壮、野村美智子、羽根勝也、福井祐介、船木雄太郎、宮角朋宏、村上洋、望月昇平、山本敬一、李容司、横堀良男、吉田聡

◉著者紹介

川又俊則（かわまた・としのり）

鈴鹿大学短期大学部教授。1966年茨城県生まれ。

成城大学大学院文学研究科博士課程後期単位取得退学。

専門は社会学。主な担当科目に社会学、教職概論、データ分析法、学童保育論、修了研究Ⅰ・Ⅱなど。日本教育保健学会、日本社会学会、日本宗教学会、日本オーラル・ヒストリー学会等に所属。

主著に『世の中が見えてくる統計学』（幻冬舎）、『人口減少社会と寺院』（法藏館、共編）、『近現代日本の宗教変動』（ハーベスト社、共編）ほか。

養護教諭・幼稚園教諭・放課後児童指導員等の養成、地域社会と宗教、教育とLGBT、様々な後継者等の調査研究に従事。らくご好き。

市川恭平（いちかわ・きょうへい）

愛知県名古屋市立天白養護学校養護教諭。1986年愛知県生まれ。

愛知教育大学教育学部養護教諭養成課程卒業。

2010年名古屋市教育委員会初の男性養護教諭として正規採用。日本養護教諭教育学会、日本教育保健学会等に所属。男性養護教諭友の会事務局長（2015年より）、思春期保健相談士®。

『健康教室』（東山書房）、『健』（日本学校保健研修社）に実践等を執筆。ダンスインストラクターの経歴をもつ、踊れる養護教諭。

男性養護教諭友の会：連絡先

E-mail：postmyt.since2010@gmail.com

男性養護教諭がいる学校――ひらかれた保健室をめざして

2016年8月5日　第1刷発行

著　者　川又俊則・市川恭平©
発行者　竹村正治
発行所　株式会社 かもがわ出版
〒602-8119　京都市上京区堀川通出水西入ル
TEL 075(432)2868　FAX 075(432)2869
振替 01010-5-12436
ホームページ http://www.kamogawa.co.jp
印刷所　シナノ書籍印刷株式会社

ISBN978-4-7803-0848-8 C0037